1. Auflage: Februar 2020

Herstellung und Verlag:
BoD – Books on Demand, Norderstedt

ISBN: 978-3-7504-1173-9

Danken für alles –
noch kann ich es nicht

Die Geschichte meiner Familie bis 1954

Almira Glaser

Lange schon wollte ich unsere Geschichte aufschreiben, wie es auch der Wunsch meiner Kinder ist, doch bisher fehlte mir dazu der Mut. Ich will es nun versuchen, so gut ich es kann und in Erinnerung habe. Die Erinnerungen an die glücklichen Tage meiner Kindheit, meine traurige Jugend und an die späteren, so schweren Jahre.

Meine ersten Gedanken gehen in meine alte, geliebte Heimat Wjasowetz, Kreis Schytomyr in der Ukraine/Russland. Dort wurde ich als fünftes Kind meiner Eltern Auguste (geb. Lange) und Sergius Schulz am 7. Okt 1918 geboren.

Mein Bruder Alfred starb 2 Wochen nach seiner Geburt. Meine Schwester Lilly starb im Alter von 3 Monaten. Meine Schwester Hulda, geb. am 5. Jan. 1915, lebt mit unserer lieben Mutter seit April 1952 in Cleveland, Ohio/USA. Meine Schwester Asta wurde 1 Jahr alt. Sie starb in Zarrizyn, später Stalingrad, heute Wolgograd. Dorthin wurden meine Eltern im 1. Weltkrieg verschleppt.

Meine Eltern heirateten im Mai 1912. Sie wurden in der Baptistengemeinde in Neudorf/Sasdriwka von Prediger Würch getraut. Meine Mutter bekam von ihren Eltern als Mitgift eine kleine Landwirtschaft mit Gebäuden, Vieh usw.

2

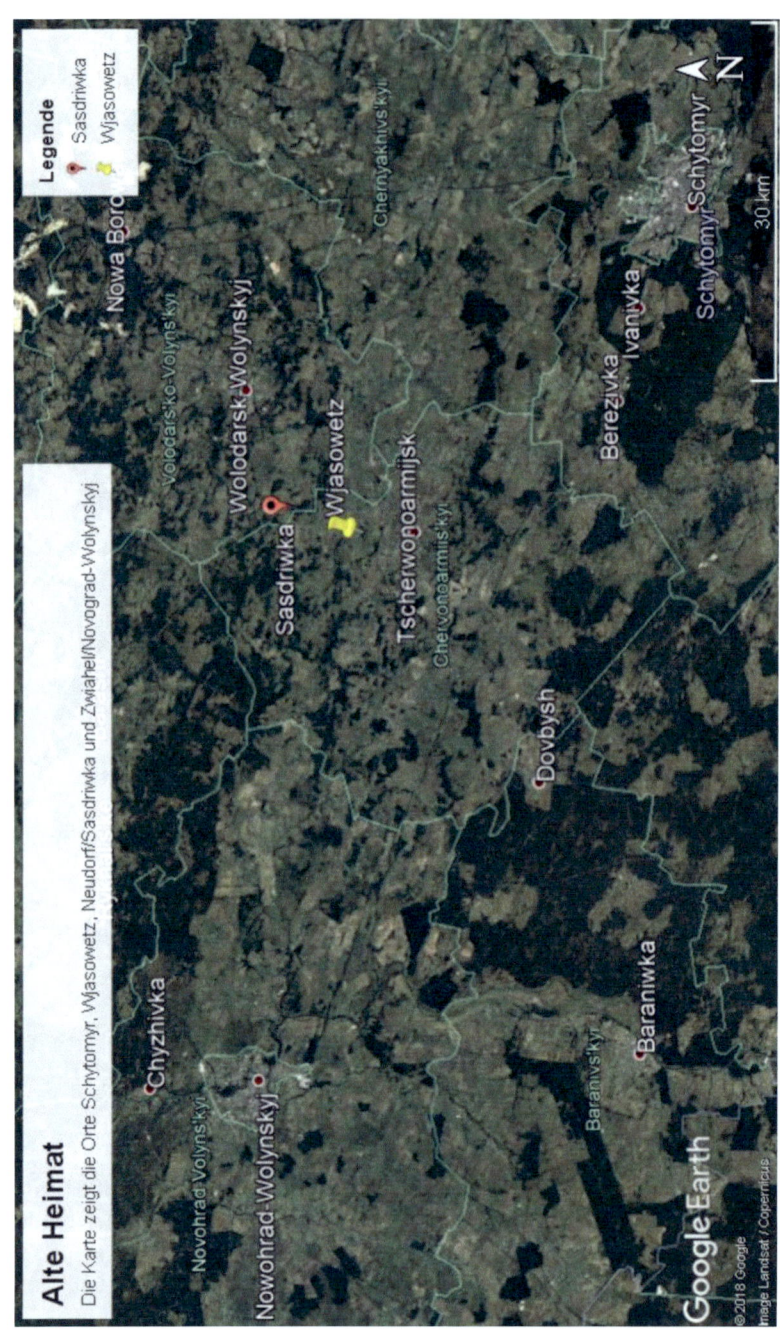

Alte Heimat

Die Karte zeigt die Orte Schytomyr, Wjasowetz, Neudorf/Sasdriwka und Zwiahel/Novograd-Wolynskyj

Legende

● Sasdriwka
📍 Wjasowetz

Von 1906 – 1908 diente mein Vater in der Armee des Zaren. Er spielte in einer Musikkapelle Geige. Sie wurden an den Zaren-Hof eingeladen, um dort zu spielen. Sie bekamen Essen und Getränke und als Geschenk einen Zinnteller und einen Becher mit dem Kaiserwappen sowie ein Foto der Zarenfamilie. Als die Kommunisten an die Macht kamen, mussten wir diese Andenken vernichten – schade.

Mein Vater als Soldat in der Zarenarmee...

... und 1910 mit seiner Cousine bei einer Bootstour auf dem Eriesee

Von 1908 - 1911 arbeitete mein Vater in einer Eisengießerei in Detroit/USA. Gewohnt hat er damals bei seinem Onkel Alexei, einem Bruder seiner Mutter. Die Arbeit war sehr schwer, aber er verdiente gut und konnte sich etwas sparen, so dass sich meine Eltern später noch Land und Maschinen dazu kaufen konnten. Sie hatten 15 ha = 60 Morgen Land. Es war guter schwarzer Boden, brauchte wenig Dung.

Es ging meinen Eltern gut, doch nicht lange. Im August 1914 begann der 1. Weltkrieg. Mein Vater gehörte zu den ersten, die eingezogen wurden. Meine Mutter fuhr mit ihm bis Schytomyr (40 km). Dort im Sammellager bekamen die Männer ihre Uniformen. Mit schwerem Gepäck standen sie dann viele Stunden bei großer Hitze auf dem Platz - die Angehörigen durften bei ihnen bleiben, bis der Befehl zum Abmarsch kam. Meine Mutter hatte die feste Hoffnung, dass mein Vater wiederkommen würde. Sie sagte, dass ihr immer wieder der Bibelvers in den Sinn kam:

> *Ob tausend fallen zu deiner rechten*
> *und zehntausend zu deiner linken Seite,*
> *so wird es dich nicht treffen.*

Einige Monate später wurde mein Vater verwundet. Ein Offizier ritt in einen Fluss, sein Pferd scheute und er rief um Hilfe. Mein Vater, der ein guter Schwimmer war, half dem Offizier. Dabei wurde er von den beschlagenen

Hufen des Pferdes am Arm und Knie schwer verletzt. Er kam in ein Lazarett und wurde später nach Schytomyr verlegt. Ende des Jahres kam mein Vater auf Genesungsurlaub nach Hause.

Unsere Wolhynien-Deutschen wurden kurz nach Ausbruch des Krieges in die Wolgagegend und nach Sibirien verschleppt. Da mein Vater Soldat war, durfte meine Mutter noch auf dem Hof bleiben. Im Januar 1915 mussten dann auch meine Eltern mit vielen anderen, deren Männer oder Söhne an der Front kämpften oder schon gefallen waren, den Weg in die Verbannung antreten.

Meine Eltern kamen nach Zarrizyn/Stalingrad. Sie blieben dort zwei Jahre und fuhren dann in den Kaukasus, wo zwei Brüder meines Vaters lebten. Dort war es noch ruhig, man merkte weniger vom Krieg. Im August 1918 kamen meine Eltern auf vielen beschwerlichen Wegen nach wochenlanger Fahrt - oft wurden die Züge von den verschiedenen Banden beschossen - gesund wieder zu Hause an.

Meine Großeltern waren schon einige Monate vorher nach Hause zurückgekehrt, so dass sie meine Eltern etwas unterstützen konnten. Meine Eltern, wie auch alle anderen, fanden ein verkommenes Land und leere Gebäude vor. Alles was brennbar war, war herausgerissen worden: Fußböden, Holzdecken, Fenster und Türen. Nachdem die Deutschen 1914/1915 verschleppt worden waren, wurden von der Regierung Leute aus Galizien in den Dörfern angesiedelt. Es war ein faules Volk. Sie wollten nicht arbeiten, haben nur alles verwüstet.

Meine Eltern mussten schwer arbeiten, wie auch alle anderen Bauern. Sobald sie etwas ernten konnten, Geflügel oder Vieh hatten, kamen die „Weißen", die „Roten" oder die „Petlurzis" - wie man die verschiedenen Banden nannte - und nahmen ihnen alles weg. Keiner durfte sich zur Wehr setzen oder etwas sagen, wenn er am Leben bleiben wollte. Nach dem Krieg wurden viele unschuldige Menschen erschossen. Es war Revolution, Bürgerkrieg! 1922 kamen die Kommunisten an die Macht. Es kehrte Ruhe ein, die Menschen atmeten auf. Es war Frieden - bis 1928.

Ich verlebte eine glückliche Kindheit in diesen Jahren der Ruhe, kannte keine Sorgen, lebte so froh in den Tag hinein und freute mich über das junge Grün im Frühling. Oft habe ich an den Gräben gestanden, die durch unser Land liefen und meist voll Wasser waren, und habe das klare Fließen und

Plätschern beobachtet. Ich sehe es heute nach 60 Jahren noch immer vor mir. Auch die Grenzen von unserem Land, sowie jeden Baum und Strauch.

Auf unserer Wiese standen fünf Birken. In der Mitte war ein freier Platz, auf dem meine Schwester und ich oft spielten. Wir nannten ihn „unsere Heimat". In unserem Obstgarten gab es viele Ecken und Plätze zum Verstecken. Besonders gut konnte man in den alten Apfelbäumen sitzen und lesen. Vom Haus aus führten mehrere Stege in den Garten mit Blumen-beeten an beiden Seiten. Die vielen Obstbäume und Flieder-büsche blühten und dufteten. Der Frühling war eine schöne Zeit.

Abends haben wir oft mit unseren Eltern draußen gesessen. Dabei wurde gesungen und erzählt. Die schönen Stunden in Ruhe und Frieden sind für mich unvergessliche Kindheits-erinnerungen. An unserem Hausgiebel, es war die Südseite, wuchs wilder Wein. Er rankte bis zum Dach. Die beiden Räume dahinter waren im Sommer dann recht kühl.

Wenn ich auf dem Feld beim Viehhüten war, habe ich den trillernden Lerchen zugeschaut. Wie sie höher und höher stiegen, kaum noch zu sehen waren, aber ihren Gesang konnte man noch lange hören. Ja, auch der Sommer war schön. Oft gingen wir mit unseren Eltern über die Felder. Es war ein so sanftes Rauschen in der Luft, wenn der Wind die vollen Ähren bewegte.

In unserer Gegend wurde Roggen, Weizen, Gerste, Hafer, Buchweizen, Raps, Dodder, Hirse und Flachs angebaut, sowie Kartoffeln und Gemüse. Wir Kinder haben von klein auf, sobald es möglich war, im Haus und Garten und auf dem Feld mitgeholfen. Gerne habe ich Garben gebunden und beim Einfahren geholfen. Hafer ließ sich gut binden. Am schwersten war es mit der Gerste wegen ihrer langen scharfen Grannen. Viel Spaß machte die Heuernte. Meine Eltern hatten eine Hopfenplantage angelegt. Es war teuer, machte viel Arbeit, brachte aber auch viel Geld ein.

Mein Vater hatte immer sehr schöne Pferde, sie waren sein ganzer Stolz. Oft bin ich mit meinem Vater um die Wette geritten. Viel Spaß machte mir das Flechten der Kammhaare zu kleinen Zöpfchen und hinterher das Kämmen der lockigen Mähne. Mit den jungen Fohlen konnte man richtig spielen. Ich konnte die Pferde an- und ausspannen und durfte alleine fahren, habe geeggt und meinem Vater beim Säen geholfen.

Wir hatten viele Hühner, Enten und Gänse. Auch Katzen und 2 Hunde gehörten zum Hof. Der große hieß „Wächter" und war immer angekettet. Beim Spielen bin ich oft in seine Hütte gekrochen. Der kleine lief frei herum und half uns, das Vieh zu hüten. Er hieß „Pudel" und sah aus wie ein schwarzer Wollknäuel.

Ich erinnere mich an ein für mich sehr wichtiges Erlebnis: Als ich ungefähr 6 Jahre alt war, wurde auf unserem Hof ein neuer Brunnen gegraben. Er war schon recht tief. Ich wollte unbedingt in den Brunnen hinein, um zu sehen, wie es da unten aussieht. Ich bettelte bei meinem Vater so lange, bis er einwilligte und mich in den großen Holzeimer stellte, der am Schwankrodt befestigt war, und mich in die Tiefe hinunterließ. Das Bild werde ich nie vergessen. Es war so dunkel, nur ein Stückchen blauen Himmel sah ich über mir. Ich bekam Angst und mein Vater zog mich wieder hoch - in den Brunnen wollte ich nicht mehr.

Auch der Herbst war eine schöne Jahreszeit, für meine Mutter war es die schönste. Es gab in unserer Gegend nur Laubwald. Die abgefallenen Blätter wurden zusammengeharkt und nach Hause gefahren. Damit wurden die Kartoffelmieten geschützt. Zuerst kam Stroh auf die Kartoffeln, dann eine ganz dicke Schicht trockenes Laub und zum Schluss wurde alles mit Erde abgedeckt. Die Blätter wurden auch für die Stallwände gebraucht, um sie im Winter warm zu halten.

Es gab im Herbst viel Arbeit. Kartoffeln wurden geerntet, das Getreide wurde gedroschen und zum Mahlen gefahren, Raps, Dodder und Leinsamen zur Ölmühle. Aus Gerste, Hirse und Buchweizen wurde Grütze gemacht. Das Obst wurde gepflückt und musste verarbeitet werden, ein großer Teil davon wurde getrocknet.

Es wurde geschlachtet und Wurst gemacht, das Fleisch wurde geräuchert. In eine große Tonne wurde Weißkohl gehobelt und festgestampft. In einer kleineren wurden Gurken eingelegt. Holz zum Heizen im Winter wurde aus den Wäldern herangefahren, zersägt und gehackt. Geheizt wurde auch mit Torf. Der wurde schon im Frühjahr gestochen und musste im Sommer getrocknet werden.

Dann konnte der Winter mit all seiner Schönheit kommen. Ab November schneite es. Meist blieb der Schnee liegen. In den Wintermonaten kam immer neuer Schnee dazu. Den ganzen Winter lag er meterhoch und war fest gefroren. So konnte man über die Felder laufen und mit dem Pferdeschlitten fahren. Unsere Pferde hatten einen breiten Lederriemen mit vielen Glöckchen um den Hals. So machte das Schlittenfahren erst richtig Spaß.

Es gab auch oft Schneestürme. Dann war die Haustür zugeweht. Doch meistens war klarer blauer Himmel und Sonnenschein, der Schnee glitzerte und er knirschte unter den Füßen. Oft wurden wir Kinder von meinem Vater oder von einem Nachbarn zur Schule gefahren. Eines Morgens fuhr uns Herr Rink. In einer Kurve kippte der Schlitten und wir purzelten alle durcheinander in den tiefen Schnee.

Schön waren die Winterabende. Bevor die Petroleumlampe angezündet wurde, haben wir viel gesungen, christliche Lieder, aber auch viele Volkslieder. Meine Mutter hat bei ihrer Arbeit immer gesungen. Viele schöne Lieder habe ich in meinem Elternhaus gelernt.

Ich habe von meiner Mutter nie ein böses Wort gehört, sie hat uns nie geschlagen. Mein Vater war sehr streng. Wir mussten aufs Wort gehorchen, aber er hat auch viel mit uns gespielt und richtig herumgetobt.

Die Geschwister meines Vaters konnten alle sehr gut singen und jeder konnte mehrere Instrumente spielen: Geige, Harmonium, Harfe usw. Alle haben außerdem Chöre geleitet, auch mein Vater. Er hatte eine wunderbare Tenorstimme. Noch viele Jahre nach seinem frühen Tod glaubte ich, in vielen Liedern noch immer seine Stimme zu hören. Eines ist mir in besonderer Erinnerung geblieben, ein Choral:

> *Wenn wir durch die Perlentore,*
> *durch die goldenen Gassen ziehen…*
> Im Refrain wiederholt sich dann immer:
> *Welche Scharen, welche Scharen,*
> *die Jesus gerettet hat.*

An den langen Winterabenden wurde Wolle gesponnen, gestrickt und genäht. Meine Großeltern waren dann oft bei uns. Meistens musste ich vorlesen. Deswegen habe ich noch viele der guten Bücher in Erinnerung.

1928 wurden die reicheren Bauern hoch besteuert. Sie mussten Geld, Getreide und Vieh abliefern. Wenn eins bezahlt war, kam die nächste Forderung, bis sie nicht mehr zahlen konnten. Dann hieß es, sie wollten nicht zahlen und man bezeichnete sie als Feinde des Staates - Kulaken.

1930 hörte man, dass immer wieder einzelne Männer und auch ganze Familien verhaftet wurden. Sie wurden nach Sibirien - Murmansk, Archangelsk, hoch im Norden - gebracht. Von dort gab es keine Wiederkehr.

So gab es auch für uns eine Schreckensnacht im Frühjahr 1930, die ich, wie auch manche andere, nicht vergessen werde. Mein Vater hatte unsere Haustür von außen mit einem Vorhängeschloss abgeschlossen. Er kam durch ein Fenster ins Haus. Wir machten kein Licht. Wenn die Häscher kämen, müssten sie denken, dass wir nicht zu Hause wären, so dachten wir.

Nach Mitternacht wurden wir durch Klopfen an die Fenster geweckt. Mit Taschenlampen wurde hereingeleuchtet. Es waren mehrere Männer von der GPU (Geheimpolizei). Lange liefen sie um das Haus und schrien, wir sollten aufmachen. Irgendwie hatten sie wohl gemerkt, dass wir da waren. Endlich zogen sie ab, ließen einen jungen Mann aus unserem Dorf als Wache zurück. Der rief nach einer Weile laut: „Lauft schnell weg!" Unsere Eltern liefen raus, über die Felder zu den Großeltern, und versteckten sich dort. Es dauerte nicht lange, dann waren die Häscher wieder da: „Wo sind eure Eltern?" Wir wussten es ja nicht. „Warum habt ihr nicht aufgemacht?" „Wir hatten Angst!"

In dieser Nacht wurden viele unserer Nachbarn gefangen genommen, auf Pferdewagen gebracht und bewacht. Während die GPU-Leute noch unterwegs waren, schlossen sich die Frauen zusammen. Bewaffnet mit Hacken und Mistgabeln stürmten sie die Wagen und befreiten ihre Männer, bevor die Soldaten von ihren Waffen Gebrauch machen konnten. Einige Stunden später war unser Dorf voll Militär. Da die Männer weg waren, wurden die Frauen mitgenommen, stundenlang verhört, aber dann wieder freigelassen. Von dieser Nacht an versteckten sich die Männer in den Wäldern bei den Russen. Kein Russe hat einen Deutschen verraten. Wir lebten in guter Nachbarschaft zusammen.

Die Frauen mussten mit ihren Kindern das Land allein bestellen, die Ernte einbringen und weiter hohe Steuern zahlen. Im Herbst 1930 wurden die sog. Kulaken enteignet. Sie hatten keine Rechte, kein Land, kein Haus, keine Maschinen mehr. Was noch an Vieh da war, gehörte nun alles dem Staat. So wurden die Kolchosen aufgebaut.

Nun etwas zurück – Frühjahr 1930: Wenn alles ruhig war, kam mein Vater nachts nach Hause. Er konnte etwas essen und ein paar Stunden schlafen. In der Zeit haben meine Schwester und ich wache gehalten, auf jedes Geräusch geachtet. Bevor es hell wurde, ging mein Vater wieder. Oft hielt er sich in den Getreidefeldern auf.

Viele Männer hatten sich auf ihren Höfen Höhlen gebaut. Wenn sie mal zu Hause überrascht wurden, konnten sie sich dort verstecken. Im Brunnen wurde über dem Wasserspiegel ein Loch ausgegraben oder unter den Fußböden Verstecke eingerichtet. Mein Vater hatte in einer Scheunenwand ein paar Bretter unten losgemacht. Das Fach war voller Garben. Ein paar wurden herausgenommen. Wenn er in seinem Versteck war, konnte er die Bretter von innen wieder heranziehen. Ab und zu gelang es der GPU aber doch einige Männer festzunehmen, die dann auch nicht wiederkamen.

Im Herbst 1930 wurde mein Vater krank. Er mochte nichts essen und klagte über Magenschmerzen. Auch sein Herz hatte die Angst krank gemacht. In ein Krankenhaus konnte er wegen der Verhaftungsgefahr nicht gehen.

Wieder erlebten wir eine Schreckensnacht. Den Tag über wurde Weizen gedroschen. Vater war zu hause. Es war spät geworden und er fühlte sich so elend, dass er beschloss: „heute Nacht bleibe ich zu hause." Wir schliefen noch nicht, als die GPU da war, drei Männer, einer auf einem Pferd. Sie klopften und schrien: „Aufmachen oder wir schlagen die Tür ein." Meine Eltern besprachen sich leise, dann sagte meine Mutter ganz laut: „Ich mache auf." Und ging zur Tür. Der Reiter ritt ums Haus, zum Hinterausgang in den Garten. Bevor meine Mutter die Tür öffnete, sprang mein Vater aus dem Giebelfenster. Ich schloss das Fenster und schon waren die GPU-Leute im Haus.

Mit Fluchen und Toben ging das Suchen los. Sie rissen alles aus den Schränken. Durchsuchten Dachboden, Keller, Stall, Scheune und Garten, jeden Winkel. Dann kamen sie wieder ins Haus und schrien: „Er war hier!" Seine Kleider lagen ja noch da, er hatte keine Zeit gehabt, sich anzuziehen. „Wir müssen ihn kriegen."

Meine Schwester und ich saßen im Bett und weinten. Unsere liebe Mama saß ganz ruhig da, hatte die Hände gefaltet und betete. Wir wussten ja nicht, wo unser Vater sich verstecken würde. Endlich zogen die Drei ab. Es war eine Vollmondnacht. Am nächsten Morgen fuhr ein Russe über unseren Hof und ließ einen Zettel fallen. So erfuhren wir, wo Vater war. Er war über die Felder ins Nachbardorf gelaufen. Mama packte etwas zum Anziehen zusammen. Als der Russe wieder kam, nahm er es mit und fuhr weiter.

Am 30. Oktober 1930 verließen wir nachts für immer unser Elternhaus. Wie schwer muss es doch für unsere Eltern gewesen sein, alles zu verlassen, wofür sie so schwer gearbeitet hatten. Sie hatten sich doch nichts zuschulden kommen lassen. Wir nahmen Wäsche, Kleider und Betten mit. Alles andere blieb zurück. Es durfte ja niemand etwas von unserer Flucht merken. Nur unsere Großeltern wussten Bescheid und kamen, um Abschied zu nehmen. Wir knieten alle auf dem Fußboden nieder. Mein Großvater betete mit uns um Gottes Schutz und Bewahrung auf dem gefahrvollen Weg, der vor uns lag. Ein russischer Nachbar brachte uns mit seinem Pferdewagen zum Bahnhof nach Tschernikow/Tschernjachiw, ca. 30 km entfernt. Der Mann wagte viel. Wären wir erwischt worden, wäre der Arme mit uns in die Verbannung gegangen oder erschossen worden.

Wohlbehalten kamen wir in Odessa an, von wo aus wir ca. 80 km weiterfuhren, zu den Geschwistern meines Vaters. Anfang Dezember fanden wir eine Wohnung in einer großen deutschen Kolonie, in Güldendorf/Krasnosilka. Dort gab es noch keine Enteignungen, noch keine Kolchosen. Das kam erst später. Güldendorf war 7 km von Odessa entfernt. Dort ging ich zu Schule und wir lernten Onkel Wessel kennen, der in der großen Baptistengemeinde am Ort Prediger war. Zusammen mit meiner Schwester habe ich oft im Chor der Kapelle gesungen und dazu Gitarre gespielt.

Meinem Vater ging es gesundheitlich immer schlechter. Er kam in Odessa ins Krankenhaus. Es wurde Magenkrebs festgestellt. Operiert werden konnte er nicht mehr, weil sein Herz so schwach war. So kam er wieder nach Hause.

Ende Februar fuhr er zu seinem Bruder. Meine Schwester begleitete ihn. 2 Wochen später fuhren auch Mama und ich dort hin. Als wir ankamen, sagte mein Vater: „Jetzt habe ich noch 2 Nächte zu kämpfen." Er hatte große Schmerzen. Am Dienstag, dem 10. März 1931, um 2 Uhr mittags starb er. Morgens hatte er gefragt: „Wie lange dauert es heute noch bis es 2 Uhr ist?" Meine Schwester war unterwegs, um etwas zu besorgen. Immer wieder fragte er, ob sie noch nicht wieder zurück sei. Kurz vor Zwei sagte Papa dann: "Ich hätte sie so gern noch gesehen, doch ich kann nicht mehr länger warten."

Ich saß an seinem Bett. Papa atmete so schwer, aber dann wurde er ruhig und ich dachte: „Jetzt wird er wieder gesund!" Onkel Alexander hielt seine Hände und sagte: „Bald bis du daheim, hast keine Schmerzen mehr und darfst Jesus sehen, an den du hier geglaubt hast." Mama weinte so sehr. Da begriff ich, dass mein über alles geliebter Vater heimgegangen war.

Bei der Beerdigung sang der Chor mehrere Lieder. In einem hieß es im Refrain:

„... im Himmel ist Ruh, im Himmel ist Ruh"

Bei allem Schmerz waren wir dankbar, dass Papa in Ruhe zu Hause sterben konnte. Er war 47 Jahre alt. Zu seiner Beerdigung hatte er diesen Vers ausgesucht:

Denn Christus ist mein Leben und Sterben ist mein Gewinn.
(Philipper 1, Vers 21)

Darüber wurde auch die Predigt gehalten.

Einige Wochen später kamen der Schwager von Mama und ein Cousin. Sie holten uns zurück nach Wjasowetz. Wir fanden Unterkunft bei unseren Großeltern und später bei Mamas Bruder David. Auch unsere Großeltern kamen dorthin, als sie ihren Hof ebenfalls verlassen mussten. Meine Mutter versorgte den Haushalt. Wir haben alle an einem großen Tisch gegessen.

Es war eine schöne Zeit, an die ich mich gern erinnere. Oma konnte so schöne Geschichten erzählen. 4 Jahre wohnten wir alle zusammen. Zur Schule ging ich noch ein halbes Jahr, dann war ich 13 Jahre alt und musste, wie meine Schwester, im Kolchos arbeiten. Gerne wäre ich auf eine höhere Schule gegangen, doch ich wurde nicht aufgenommen, weil meine Eltern Kulaken waren. 4 Jahre arbeiteten wir umsonst, bekamen kein Geld, höchstens mal ein paar Kartoffeln oder Mehl. Man sagte uns, wir müssten froh sein, hier leben und arbeiten zu dürfen, da unsere Eltern ja Staatsfeinde wären.

Später bekamen wir dann ein Stück Land und konnten Kartoffeln und Gemüse anpflanzen. Wir hatten noch etwas Geld und meine Schwester nähte abends für andere Leute. So hatten wir ein bescheidenes Auskommen. Als wir im Oktober 1930 nach Odessa gefahren sind, haben unsere Großeltern eine Jungkuh aus unserem Stall mitgenommen. Als sie enteignet wurden, konnten sie diese unbemerkt mitbringen. Wir waren froh, dass wir unsere „Weiß Kopf" wieder hatten. Ihre Milch war ein Segen für uns. Aber als die Kolchose-Verwaltung erfuhr, dass wir eine eigene Kuh hatten, wurde sie uns weggenommen.

Besonders schwer war es, wenn wir auf unserem enteigneten Land arbeiten mussten. Wenn wir dann etwas Zeit hatten, liefen wir in unseren Garten und weinten. Von unserem Haus waren nur noch das Fundament und ein großer gemauerter Keller vorhanden. Stall und Scheune waren ebenfalls abgerissen, Garten und Brunnen noch da. Unseren großen Hund hatte ein Russe mitgenommen, den Kleinen nahmen die Großeltern mit. Aber er hat nicht gefressen, ist immer wieder zu seinem alten Zuhause zurück gelaufen und schließlich dort verhungert.

1933 gab es eine große Hungersnot durch Missernten, die es früher bei uns nie gab. Ganze Dörfer starben aus. Im Frühjahr 1935 ging wieder eine Verschleppungswelle durch unser Land. Man sagte uns, es wäre eine Umsiedlung in das Don-Gebiet. Die „Umsiedler" kamen in vom Hunger ausgestorbene Dörfer in einer Steppe mit Kreidebergen und schlechten Böden. Zu ihnen gehörten auch zwei Brüder meiner Mutter und meine späteren Schwiegereltern Hulda und David Glaser.

Wir durften noch zu Hause bleiben. Ein Jahr lang war Ruhe, dann wurden wieder Leute verhaftet. Aus Angst fuhren wir im Februar 1936 mit Mamas jüngster Schwester, Martha Rosin, und ihrer Familie nach Strilziwka. Da lebten jetzt Mamas Brüder. Meine Schwester und ich bekamen Arbeit in einer Gärtnerei, wofür wir sehr dankbar waren.

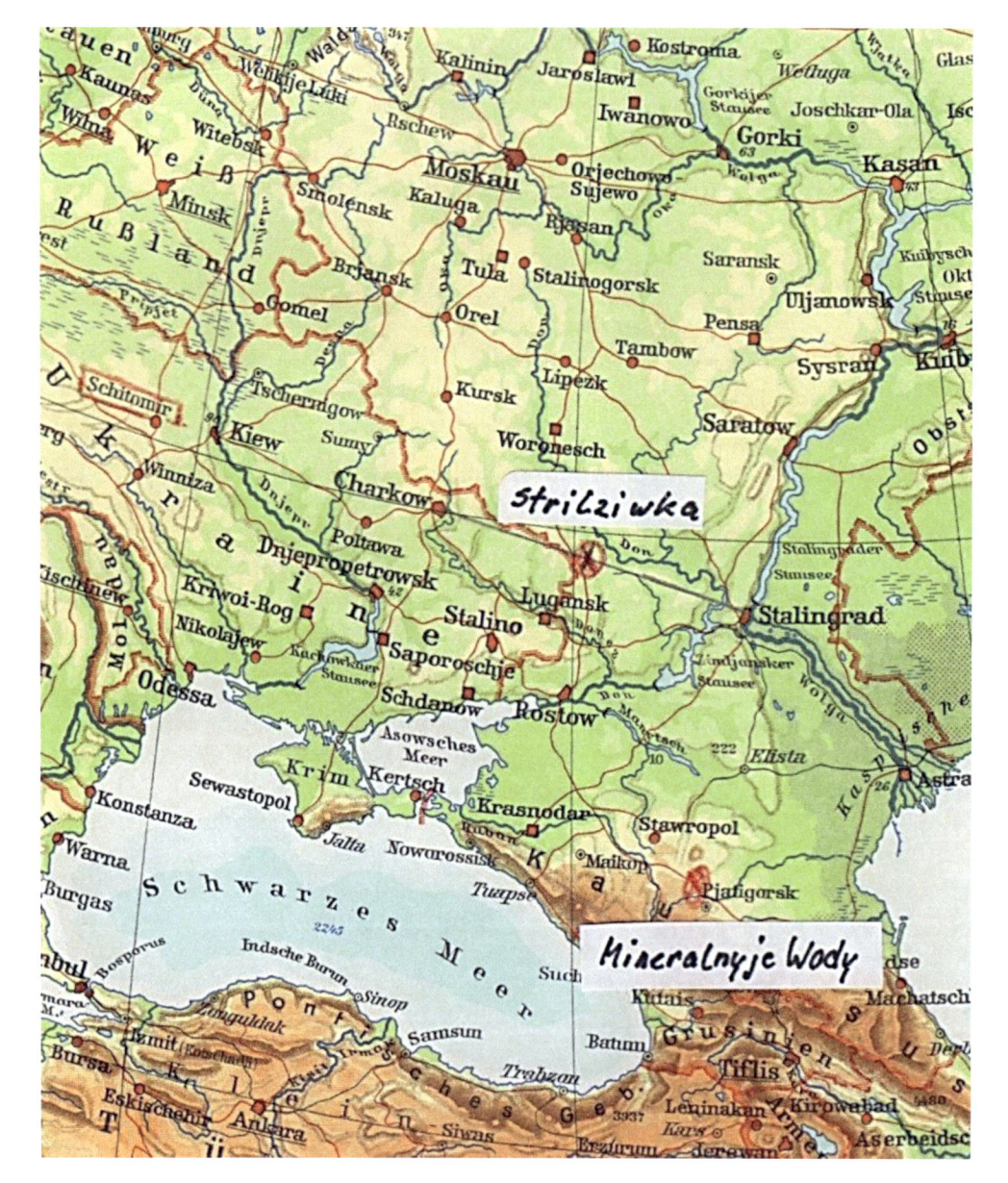

Alfred Glaser war auf dem Lehrerseminar – Pädagogisches Institut – in Odessa. In den Sommerferien besuchte er seine Eltern, die auch hier lebten. Unsere Eltern gehörten in Wjasowetz zu einer Baptisten-Gemeinde. Auch Alfred gehörte dazu. Er wurde mit 12 Jahren auf das Bekenntnis seines Glaubens getauft, wie auch meine Schwester.

Alfreds Taufe 1924

Mama. Hulda und ich 1931

Im Juni fuhr ich nach Odessa. Dort lebten 2 Schwestern meines Vaters. Ich bekam eine Stelle als Kindermädchen bei einem Professor, eigentlich bei seiner Tochter. Sie war Ärztin, ihr Mann Opernsänger. Sie hatten einen kleinen Sohn: Micha. Eltern und Tochter wohnten in einem Haus. Sie hießen Thißenhausen und waren Deutsche. Sie waren sehr gut zu mir. Im Sommer waren wir oft am Meer. Dort hatten sie ein Sommerhaus, auf Russisch: Datscha.

Als die Sommerferien zu Ende gingen, kam auch Alfred wieder nach Odessa. Wir waren oft zusammen, gingen spazieren, ins Kino und in die Oper. Odessa war eine schöne Stadt. Nach einiger Zeit erfuhr man auf dem

Seminar, dass Alfreds Eltern verschleppt worden waren. Deswegen durfte er nicht weiter studieren, worüber wir sehr traurig waren. Sein Wunsch war es aber, Lehrer zu werden. Vor ihm lag eine ungewisse Zukunft. Er fuhr in den Kaukasus und bekam in Mineralnyje Wody eine Stelle als Hilfslehrer. Er schrieb mir viele liebe Briefe. Alfred hat von dort als Fernstudent sein Studium fortgesetzt.

Alfred mit Eltern 1933

und 1934

1935 in Kurjatschew

Alfred 1934

Im Oktober 1936 kamen meine Mutter und meine Schwester auch nach Odessa. Im Don-Gebiet gab es im Winter keine Arbeit, die Not wurde immer größer. Ich gab meine Stelle bei den Thißenhausens auf und fing mit meiner Schwester Hulda in einer Glasfabrik an. Wir arbeiteten in vier Schichten rund um die Uhr. Eine Schicht dauerte sechs Stunden, länger hielt man es in der Hitze auch nicht aus. Aber ich verdiente mehr. Dort arbeitete ich bis Juli 1937.

Auf die Rückseite des rechten Bildes hatte Alfred geschrieben:
Anfang einer Schlucht, 300 Schritte entfernt von unserem Haus in Rosenberg. Es beginnt mit einem steilen Abfall. Von oben fällt Wasser, das durchs Dorf fließt.

Weiter geht die Schlucht mit immer wieder steilen Abfällen bis zum Fluss Chrami. Große Steine liegen in ihr.

Aufnahme bei einem Sonntagsausflug am 21.3.1937.
In der Mitte: Lehrer Moser, Rohland sitzend und runterschauend Klub-Leiter Willi Bräusch.

Es war wieder Ferienzeit. Alfred hatte inzwischen eine bessere Stelle in Rosenberg/Trialeti bei Tiflis bekommen und er holte seine Eltern zu sich. Dann kam er zu uns nach Odessa. Alfred bat mich, seine Frau zu werden und mit ihm in den Kaukasus zu kommen. Wir hatten uns lieb, waren glücklich und machten Zukunftspläne. Meiner Mutter fiel es schwer, mich so weit weg gehen zu lassen.

Verlobung Juni 1937

Immer hatte ich von einer Hochzeit im weißen Kleid und einem Myrtenkranz geträumt, wie wohl jedes junge Mädchen. Aber: unsere Kirchen und Kapellen waren schon lange geschlossen, daraus wurden Getreidespeicher und Tanzsäle gemacht. Gottesdienste waren verboten, Prediger und Pastoren verhaftet.

In unserer Nähe wohnte ein junger Prediger mit seiner Familie, der noch das Glück hatte, frei zu sein. Meine Mutter bat ihn, uns zu trauen. Er hatte Angst, denn er musste dafür mit Gefängnis rechnen. Auch Alfred hätte seine Lehrerstelle verloren, vielleicht noch mehr. Wir mussten versprechen, niemanden einzuweihen.

Am 28. Juli 1937, abends, in der Dunkelheit, gingen Mama, Hulda, Alfred und ich einzeln in die Wohnung von Prediger M. Er las den 62. Psalm, sprach kurz darüber und betonte immer wieder den 2. Vers:

„Meine Seele ist stille zu Gott, der mir hilft!"

Wir knieten nieder, er legte uns seine Hände auf, betete und segnete uns. Danach gingen wir still nach Hause. Das war unsere Hochzeit. In Rosenberg wurden wir am 6. August 1937 standesamtlich getraut.

Am nächsten Tag, dem 29. Juli 1937, fuhren wir mit der „Armenia", einem der 5 größten Schiffe, die auf dem Schwarzen Meer fuhren, von Odessa nach Batumi. Mama und Hulda standen am Ufer, winkten und weinten. Während der Abfahrt spielte eine Musikkapelle.

Das Wetter war gut, das Meer ganz ruhig. Fast immer sah man die Küste, die wunderbare Landschaft der Krim, die Hafenstädte Jalta, Feodossija, Kertsch,

Tuabse und andere. Am 5. Tag kamen wir in Batumi an. Weiter ging es mit dem Zug nach Tiflis. Tiflis heißt auf Russisch Tibilissi und liegt in einem Tal von hohen Bergen umgeben. Wir blieben dort einen Tag und sahen uns die Stadt an.

SS. „Armenia" Quelle: Wikipedia

Am nächsten Tag fuhren wir mit dem Auto weiter nach Rosenberg. Dort gab es eine große deutsche Kolonie. Luftlinie war Rosen-berg nur 30 km von Tiflis entfernt. Auf der Straße waren es 100 km. Der Ort hat eine schöne Lage, sehr hoch in den Bergen, rundherum sehr viel Wald. Den ganzen Sommer blühten hier die wilden Rosen. Oft sahen wir die Wolken unten im Tal und über uns den blauen Himmel. Im Tal wurde zu der Zeit gerade eine Elektrostation gebaut.

Rosenberg/Kaukasus - der Pfeil zeigt, wo wir wohnten

Rosenberg mit den Kaukasusbergen im Hintergrund

Die Schlucht bei Rosenberg

Ein halbes Jahr wohnten wir zusammen mit Alfreds Eltern. Meiner Schwiegermutter konnte ich nichts recht machen. Ich war noch so jung, habe damals viel geweint. Dann fanden wir eine kleine Wohnung und zogen um.

Am 20. Juni 1938 wurde unsere Tochter Lilly geboren. Als sie 3 Wochen alt war, kam meine liebe Mama zu Besuch. Oh, wie habe ich mich gefreut. Sie blieb 3 Monate bei uns.

Da Alfred sein Fernstudium weitermachte, musste er in den Ferien für sechs Wochen nach Tiflis, um für sein Examen zu arbeiten. Lilly war drei Tage alt, als er wegfuhr. Noch bevor die Schule wieder anfing wurde er krank: Herzerweiterung.

Er konnte die Höhenluft nicht vertragen. Auf ein ärztliches Attest hin bekam er eine Stelle als Lehrer in der Nähe der Hafenstadt Suchumi, in Gali, einer Kleinstadt, 20 km von der Küste entfernt. Wir zogen also dorthin, meine Mutter kam mit. Ende September fuhr sie zurück nach Odessa. Auf dem Schiff wurde sie schwer krank - Malaria. Das Klima in Gali war ungesund.

Über Winter wohnten wir zur Miete. Im Frühjahr kauften wir ein Grundstück am Stadtrand. Es war sehr groß. Auf der einen Seite war nur Wald. Es mussten viele Bäume gerodet werden. Im Sommer 1939 wurde unser Haus gebaut. Alfred hat viel selbst gemacht. Das Haus war aus dicken Holzbohlen. Zur Straße hin hatte es eine große Veranda, Von der anderen Seite zwei Eingänge. Es war ein Doppelhaus. Als es fertig war, holte Alfred seine Eltern aus Rosenberg.

Vor dem Haus, auf der Straßenseite, hat mein Mann 30 Mandarinenbäume gepflanzt, einige Lorbeerbäume und ein paar Weinstöcke.

An der Veranda wuchsen Kletterrosen, die blühten im Juni und im Januar. Hinter dem Haus hatten wir Obstbäume gepflanzt und Gemüsebeete angelegt. Im Winter herrschte ein mildes Klima, ohne Schnee, aber es regnete viel. Wie das Land war auch unser Grundstück hügelig.

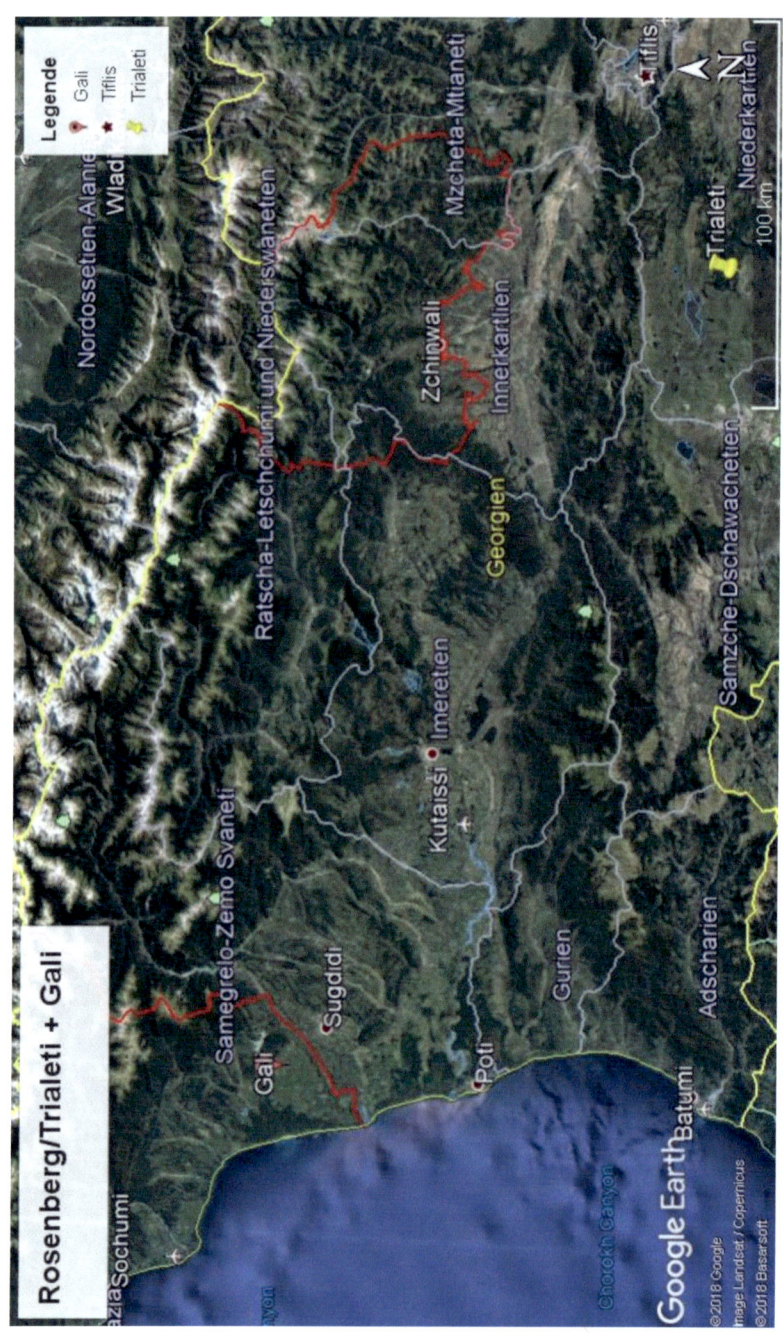

28

Lilly in ihrem
vom Papa
gebautem
Kinderbett

Lilly lernte dort mit 10 Monaten laufen, aber sie wurde schwer krank und musste es anschließend noch einmal lernen.

Mein Mann unterrichtete an einer russischen Mittelschule Mathematik, Physik und Algebra sowie an drei grusinischen Schulen Deutsch. Eines Tages wurde er von der Polizei abgeholt. Er sollte deutsche Briefe übersetzen, und durfte, unter Strafandrohung, mit niemandem darüber sprechen. Nun wussten wir, wo unsere Post geblieben war, denn in den ersten Monaten hatten wir keine Nachrichten von unseren Angehörigen erhalten. Weil wir Deutsche waren, wurden wir überwacht.

Die Grusinier sind ein schönes und stolzes Volk. Sie sind groß, haben schwarzes Haar und dunkle Augen. Sie sind sehr gastfreundlich. Einmal ging ich zu Nachbarn. Sie hatten Besuch und waren gerade beim Essen. Die Männer erhoben sich und der Hausherr begrüßte mich. Ich wurde eingeladen, mich mit an den Tisch zu setzen und mitzuessen. Wenn ich es nicht getan hätte, wäre es eine Beleidigung gewesen. Sie haben ihre eigene Sprache. Wir konnten uns miteinander nur auf Russisch verständigen.

Damals herrschte bei ihnen noch die Blutrache. In seiner Klasse hatte mein Mann einen sehr netten Jungen, der gut lernte. Dieser Junge erzählte uns, dass sein Vater von einem Mann erschossen worden war und er von seiner Mutter nun so erzogen wird, dass er, wenn er erwachsen ist, sich rächen und den Mörder seines Vaters ebenfalls töten wird. So wird die Blutrache von Generation zu Generation fortgesetzt. In unserer Nachbarschaft wurde eines Nachts ein Mann getötet. Später hörten wir, dass er vor 15 Jahren ein Mädchen verführt hatte. Sie bekam ein Kind und starb bei der Geburt. Nun hatte der Bruder Rache genommen.

An einem Sommerabend im Jahr 1939 war mein Mann bei einer Lehrerkonferenz in einer der grusinischen Schulen. Ich war mit Lilly zu Hause und bekam plötzlich eine mir unerklärliche Angst. Ich nahm mein Kind auf den Arm und ging zu dieser Schule - es waren ungefähr 2 km – und ließ meinen Mann herausrufen. Er fragte besorgt: „Was ist denn passiert?" Ich konnte nur sagen: „Ich weiß es nicht, ich habe Angst!" Alfred nahm Lilly auf den Arm und wir gingen zusammen nach Hause.

Alfred mit Kollegen und Schülern

Kaukasus 1940

Etwas außerhalb der Stadt mussten wir über eine Brücke. Mein Mann erschrak: Es standen dort drei seiner Schüler aus der 10. Klasse, Grusinier. Sie ließen uns passieren. Zuhause erzählte er mir, dass es faule Schüler waren und sie hatten ihm gedroht: „Wenn das Zeugnis schlecht ausfällt, dann passiert etwas!" Nun hatten sie hier auf ihn gewartet. Wenn ich mit dem Kind nicht bei ihm gewesen wäre, hätten sie ihn zusammengeschlagen. Das haben sie ihm später erzählt. Die Grusinier haben ein ungeschriebenes Gesetz: Wenn der Mann, an dem sie Rache nehmen wollen, mit einem Fremden oder einer Frau angetroffen wird, rühren sie ihn nicht an. Wie dankbar waren wir für die Bewahrung.

Im Sommer 1940 besuchten uns Mama und Hulda in Gali in unserem neuen Haus. Man hörte schon viel vom Krieg. Wir beschlossen, unser Haus zu verkaufen und nach Odessa zu fahren. Nun konnte mein Mann nicht einfach seine Arbeit aufgeben. Sein Wehrpass war außerdem eingezogen worden und ohne durfte er nicht weg.

Wir hatten beide schon einige schwere Malariaanfälle gehabt, und der Arzt sagte, wir würden die Krankheit nur durch einen Klimawechsel verlieren. Auf Grund dieses Attestes bekam er den Wehrpass zurück und wir fuhren am 19. April 1941 nach Odessa, nur mit ein paar Koffern.

Alfreds Eltern blieben in Gali. Sie wollten das Haus verkaufen und Alfred wollte sie dann auch nach Odessa holen. Doch dazu kam es nicht mehr. Als am 22. Juni 1941 der Krieg zwischen Deutschland und Russland begann, wurden sie nach Sibirien verbannt. Das Haus konnten sie nicht mehr verkaufen. Wir hatten alles verloren.

Die letzte Post bekamen wir am 5. Juli 1941 von ihnen und dann erst wieder 1955, nach 14 Jahren. Sie starben beide in Kasachstan, Mutter im März 1965 und Vater im August 1967.

Wir fuhren auf dem gleichen Weg, wie vor 4 Jahren, nach Odessa zurück. Aber diese Reise war nicht mehr so ruhig und schön. Die Häfen waren in der Dunkelheit nicht beleuchtet. Manchmal mussten wir stundenlang warten. In der Nacht heulten oft die Sirenen, es war unheimlich.

Mama und Hulda empfingen uns bei der Ankunft. Wir bekamen ein Zimmer bei meiner Tante Ida Rosin, einer Schwester meines Vaters. Sie hatte selbst 6 Kinder, aber es war noch Platz für uns. Meine Mutter und Schwester wohnten in der Stadt, Tante Ida etwas außerhalb. Am 20 Juni hatte Lilly Geburtstag. Sie wurde 3 Jahre alt. Von meiner Schwester bekam sie eine Puppe geschenkt. Sie nannte sie Ließchen. Lilly liebte Ließchen über alles und hatte sie immer bei sich, so dass Ließchen die 5 Jahre Krieg und Flucht überstehen konnte.

Am 22. Juni 1941 begann der Krieg zwischen Russen und Deutschen, für uns schon in den ersten Tagen mit all seinen Schrecken. Immer wieder heulten die Sirenen und wir liefen in die Keller. So ging es Tag und Nacht. Am 5. Juli 1941 wurde unser Egon geboren. Alfred brachte mich ins Krankenhaus. Drei Tage später war Großalarm, Odessa wurde bombardiert. Wir bekamen unsere Kinder in den Arm und runter ging es in die Keller. Stunden später erst durften wir in unsere Betten zurück. Nach 8 Tagen holte mein Mann uns nach Hause. Wir mussten zu Fuß gehen, denn es gab keine Fahrmöglichkeit mehr.

Am 12. August 1941 wurde in unserer Nähe ein Bahnhof bombardiert. Dort hielten 3 Züge: Ein mit Weizen beladener Güterzug, ein Munitionszug und ein Personenzug mit Menschen, vor allem Juden, die aus der Stadt raus wollten. Alles ging in Flammen auf. Der Tag wurde durch die Rauchwolken zur Nacht. Durch das Explodieren der Munition nahm das Krachen kein Ende. Da wir zuerst nicht wussten, was passiert war, dachten wir, die Front wäre da.

Die Menschen liefen zu einem Schachteingang. So auch wir mit unseren beiden kleinen Kindern. Egon war jetzt 5 Wochen alt. Der Weg in die Katakomben ging schräg nach unten, ungefähr 3 km, dann waren wir in 40 m Tiefe. Es war ein Steinschacht. Odessa ist zum größten Teil aus diesen gelben Sandsteinen erbaut, die hier in den Schächten abgebaut wurden. Unten gab es viele kleine Räume, dazwischen dicke Steinwände. Wir setzten uns auf den Steinboden. Später gingen wir raus, holten Decken, Kerzen und was zu essen. Dieser Raum im Schacht war bis zum 16. Oktober 1941 unsere Wohnung.*)

Die Front kam näher, bis 9 km vor die Stadt. Odessa war eingekesselt, nur vom Meer her frei zugänglich. Auf dem Seeweg versuchte die jüdische Bevölkerung die Stadt zu verlassen. Viele Schiffe wurden versenkt. Die Stadt wurde von Artillerie beschossen. Die Geschosse flogen über uns hinweg. Oft flogen Stukas sehr niedrig und schossen auf unschuldige Menschen. Wenn es ruhig war, gingen wir raus. Da erst sahen wir, wie unsere armen Kinder aussahen, blass und elend. Schuld war der Sauerstoffmangel und dazu kann der Hunger. Luft kam nur durch den Eingang in den Schacht und durch ein paar brunnenartige Löcher, durch welche die abgebauten Steine hochgezogen worden waren.

Es gab keine Lebensmittel mehr. Wir gingen auf die Felder, holten Kartoffeln, Möhren, Rüben, was man gerade fand. Vor dem Schachteingang wurden ein paar Steine zusammen-gestellt, eine einfache Feuerstelle eingerichtet. In einem Topf, der auf den Steinen stand, wurde gekocht. Wenn man Glück hatte, wurde das Essen gar. Wurde aber geschossen oder fielen Bomben, ließ man alles stehen und liegen und suchte Schutz im Schacht. Der Hunger war einem vergangen. Noch bevor der Krieg begann, hatten wir uns eine Kuh gekauft, die viel Milch gab. Das war in dieser Zeit unsere Rettung. Wir konnten auch noch Milch abgeben an unsere Leidensgenossen.

*) Die Katakomben von Odessa sind ein ca. 2500 km langes Tunnelsystem, das sich unterhalb Odessas und bis weit in die Außenbezirke erstreckt. Als das heutige Odessa im 19. Jahrhundert angelegt wurde, entnahm man dem Boden Sand- und Kalkstein als billiges Baumaterial, um daraus die neuen Häuser zu bauen. Diese Minen wurden im Laufe der Jahrzehnte, mit bis zu 60 Meter Tiefe und drei Ebenen übereinander angeordnet, immer weiter getrieben und ergeben heute die Katakomben und Tunnelsysteme Odessas.

Die Katakomben schneiden zum Teil auch natürliche Karsthohlräume an. Nur ein geringer Teil dieser Katakomben kann heute besichtigt werden. In dem nicht vollständig kartierten System, zu dem es insgesamt etwa 1000 Zugänge gibt, kommt es immer wieder zu Todesfällen.
Quelle: Wikipedia

Einmal war meine Schwester allein auf dem Feld. Es kamen Bomber. Sie fiel hin. Als es vorbei war, war sie mit Erde bedeckt. Nicht weit von ihr entfernt waren Bombentrichter. Sie war unverletzt. An einem anderen Tag war mein Mann unterwegs. Neben ihm schlugen Granaten ein. Menschen und Tiere wurden verletzt. Er hatte keine einzige Schramme. Es war Gottes Schutz und Bewahrung.

Oft gingen Alfred und ich nachts raus, wenn alles ruhig war. Wir standen vor dem Eingang des Schachtes und schauten empor zum dunklen Nachthimmel, dem Mond und den Sternen. Wir beteten um das Leben unserer Kinder und um Bewahrung in dieser ach so dunklen Zukunft.

Zwei Wochen vor der Einnahme der Stadt bekam mein Mann den Stellungsbefehl zur Front, wie auch noch andere Männer. Einige Russen, die früher in diesem Steinbruch gearbeitet hatten, wollten sich in einem der stillgelegten Schächte verstecken. Mein Mann ging mit ihnen. Mit ihren Frauen, die sich dort auch auskannten, ging ich jede Nacht in den alten Schacht. Wir brachten unseren Männern etwas zu essen, mal gekochte Rüben, mal Pellkartoffeln oder eine Kanne Milch. Die Gänge des Schachtes waren halb verschüttet. Stellenweise mussten wir auf Knien kriechen. Die Männer hatten sich eingemauert. Auf unsere vereinbarten Klopfzeichen hin, nahmen sie ein paar Steine weg und wir konnten dann das Essen durchreichen. Wir lebten in Todesangst. Es war die Angst davor, dass uns jemand folgen und die Männer verraten könnte. Sie wären sofort erschossen worden.

Am 16. Oktober 1941 wurde Odessa von deutschen Truppen eingenommen. Die Menschen kamen aus dem Schacht. Man hörte nur Weinen und Danken: „Slava Boga. – Gott sei Dank." Die russischen Frauen fielen vor den deutschen Soldaten auf die Knie, küssten ihre Hände. Die deutschen Männer ließ man frei, die Russen gingen mit erhobenen Händen in die Gefangenschaft.

Wir konnten in unsere Wohnung zurückkehren. Die Fenster waren zerschlagen, in den Wänden waren Einschusslöcher. Notdürftig machten wir für Lilly und Egon ein Bett fertig. Nun saßen wir da und fragten uns, was werden soll: Der Winter stand vor der Tür, überall waren Trümmer. Wir hatten zwar wieder Luft zum Atmen aber nichts zu essen, keine warme Kleidung. Die Wohnung meiner Mutter in der Stadt war ausgebombt.

Alfred ging am nächsten Tag zum Bahnhof. Er bekam eine Stelle als Dolmetscher und wir zwei einigermaßen heile Zimmer. Holz und Kohle fanden wir auch. Ich arbeitete in der Küche, habe für die deutschen Eisenbahner gekocht. Dafür bekam ich Lebensmittel. Wir konnten uns nun wieder sattessen und hatten ein warmes Heim. Mama versorgte die Kinder.

Hulda hat für die deutschen Soldaten, die von der Front durch die Stadt kamen, gewaschen und genäht. Sie saßen währenddessen bei uns und schrieben Briefe nach Hause. Wenn ihre Sachen trocken und heile waren, fuhren sie weiter und die nächsten kamen.

Im Februar 1942 fuhren wir zurück in unsere alte Heimat nach Wjasowetz. Wir waren viele Tage unterwegs. Nur ab und zu fuhr ein Zug, kurze Strecken. Wir mussten oft umsteigen. Es war starker Frost und es lag Schnee. Die Bahnhöfe waren fast alle zertrümmert. Oft standen wir stundenlang unter freiem Himmel. Wir hatten zwar Brot und Butter, aber es war alles gefroren. Es gab nichts Warmes zu trinken. Vergeblich versuchte Alfred immer wieder eine Unterkunft zu finden. Wir konnten vor Kälte kaum noch sprechen. Unsere armen kleinen Kinder. Dann kam doch noch ein Güterzug, der nach Schytomyr fuhr. Nur leere Flachwagen (Plattformen). Auf einem Waggon war eine kleine Kabine, in der Mama, Hulda und ich, die Kinder hatten wir auf dem Arm, kaum stehen konnten. Alfred kletterte mit unserem Gepäck auf die Plattform. Wie lange die Fahrt dauerte weiß ich nicht. Gegen Morgen kamen wir in Schytomyr an. Diese Fahrt werde ich nie vergessen: Die Angst, dass mein Mann auf dem offenen Waggon erfrieren oder vom Fahrtwind heruntergeschleudert werden könnte. Aber ich konnte ihn bei der Ankunft in Schytomyr froh und dankbar in die Arme schließen.

Ja, nun standen wir wieder auf einem Bahnhof und zitterten vor Kälte. Der Bahnhofsvorsteher nahm uns mit in sein Dienstzimmer. Wir bekamen heißen Tee und konnten uns aufwärmen. Übernachtet haben wir bei alten Bekannten und sind am nächsten Tag mit einem Pferdeschlitten nach Wjasowetz zu unseren Großeltern gefahren. Die Wiedersehensfreude war groß, wir hatten ja Jahre nichts voneinander gehört.

Oh wie hatte sich unser einst so schönes Dorf verändert. Man hatte aus unserem zerstreuten ein geschlossenes Dorf gemacht. Die Häuser waren abgebrochen und in der Mitte des Dorfes wieder aufgebaut worden. Auf unserem Land standen 4 Häuser. Wir durften in das Haus einziehen, das früher den Eltern von Alfred gehört hatte. Es war auch versetzt worden. Wir bekamen ein paar Bienenstöcke, die ebenfalls einmal seinen Eltern gehört hatten.

Im Mai bekam Alfred eine Lehrerstelle bei Zwiahel, russisch Nowograd-Wolynsk. Es war ein großes deutsches Dorf und hieß Romanovka. Wir bekamen dort eine Wohnung in einem schönen Haus mit großem Garten. Mein Mann fühlte sich wohl in seinem Beruf, seine Schüler achteten ihn. Meine Schwester bekam Arbeit in Schytomyr, Mama blieb bei uns.

Im Juni 1942 wurde unser Egon krank, Scharlach und Diphtherie. Ich durfte bei ihm im Krankenhaus bleiben. Es ging ihm schon besser, als er wieder

Fieber bekam – eine Lungen- und Rückenmarkentzündung. Er wurde punktiert. Aber am 10. Juni 1942 schlief mein Kind in meinen Armen ein, um nie mehr zu erwachen. Ich konnte und wollte es nicht glauben. Viel habe ich um unser Kind geweint. Später, auf der Flucht, in den Schrecken des Krieges, habe ich oft gedacht: Ach, wären Lilly und Edwin auch so gut aufgehoben, wie viel würde ihnen erspart bleiben. Aber ich danke Gott, dass ich meine Kinder habe und muss an ein Lied denken:

> *Und löst sich hier das Rätsel nicht*
> *der Tränen all, die du geweint.*
> *Drum trau auf Gott und harre aus,*
> *wie dunkel auch der Weg dir scheint.*
> *Er endet doch im Vaterhaus,*
> *dann wirst du seh'n, wie er's gemeint.*

Am 17. November 1942 wurde unser Sohn Edwin geboren. Wir freuten uns über unsere gesunden Kinder und dachten mit Sorgen an die Zukunft. Es war noch immer Krieg. Es bildeten sich Partisanengruppen. Nicht nur an der Front starben Menschen. Viele unserer deutschen Landsleute wurden auf die grauenvollste Weise umgebracht. In Wjasowetz wurden in einer Nacht acht Familien ermordet. Einige wurden erstochen, andere an Pfähle gebunden und lebendig verbrannt. Überlebende werden die Nacht nie vergessen. Wir haben kaum noch geschlafen, wussten nicht, ob wir die nächsten sind.

Noch im November kam mein Mann auf eine Schule in Zwiahel. Wir waren froh, fühlten uns sicherer. In der Stadt war eine Zivilverwaltung, auch Wehrmacht. Aber: Am Tage fuhren Wehrmacht und SS-Leute in die Russendörfer, erschossen die Leute und brannten ihre Häuser nieder.

Im Februar 1943 wurde Alfred zur Selbstschutzausbildung eingezogen, für drei Monate. Die Männer bekamen schwarze Uniformen und sollten gegen die Partisanen kämpfen. Mein Mann wurde aber nicht eingesetzt, weil er als Lehrer gebraucht wurde.

Am 13. November 1943 standen wir wieder auf der Straße. Auf Befehl der deutschen Besatzung. Die Deutschen Truppen zogen sich zurück und wir als Volksdeutsche mussten mit, man nannte es „heim ins Reich". Mein Mann reparierte mit zwei Kollegen einen alten LKW.

Damit fuhren wir, drei Familien, sechs kleine Kinder, am ersten Tag bis Rowno/Polen. Am zweiten Tag kamen wir bis Brody und am dritten kamen wir in Lemberg/Lwiw an (seit Kriegsende gehören diese Ortschaften zur UdSSR bzw. heute zur Ukraine). Es waren drei schwere Tage, die Straßen voller Flüchtlinge, dazwischen die Wehrmacht. Ab Lemberg fuhren wir mit dem Zug bis Litzmannstadt/Lodz. In Kattowitz mussten wir umsteigen. Es war der 17. November 1943, Edwins erster Geburtstag.

Lager Kirschberg

Von Lodz wurden wir in das Lager Kirschberg gebracht. Es waren schon viele Flüchtlinge dort und jeden Tag kamen weitere dazu. Wir bekamen in einer Holzbaracke ein Zimmer mit 5 Betten für 6 Personen und auch Verpflegung. Es gab auch eine Lagerschule. Mein Mann und seine Kollegen Rink und Birkle wurden als Lehrer eingestellt. Wir schlossen uns der Baptistengemeinde in Lodz an und fanden dort unsere Großeltern und noch viele andere aus der Heimat. Prediger der Gemeinde war Bernhard Götze, der als junger Mann vor dem 1. Weltkrieg in unserer Heimatgemeinde diente.

Ich habe von Kind an in der Bibel gelesen und auch gebetet. Doch bewusst an Jesus glauben konnte ich nicht. Ich musste wohl erst durch viel Not und Leid gehen, bis ich an Jesus als meinen persönlichen Heiland glauben konnte. Im September 1943 war ich auf das Bekenntnis meines Glaubens getauft worden, das war noch in unserer alten Heimat.

Im Mai 1944 wurde meinem Mann eine Lehrerstelle in Kalonka zugewiesen, 8 km von Litzmannstadt/Lodz entfernt. Wir bekamen eine Wohnung in der Schule. Auch Mama und Hulda konnten bei uns wohnen.

Schule in Kalonka – gezeichnet von Alfred

Schule von Kalonka - Sept. 1944

Lilly und Edwin mit Oma im Garten der Schule in Kalonka

Im September 1944 wurde Alfred zur Arbeit beim Bau von Schützengräben eingezogen, 20 km von Kalonka entfernt. Am 17. November 1944, Edwins zweiter Geburtstag, wurden wir, Mama, Lilly, Edwin und ich, nach Kopnitz in der Nähe von Posen umgesiedelt (so nannte man es). Meine Schwester blieb in Kalonka.

Am 1. Weihnachtstag kam Alfred für ein paar Tage nach Hause, nach Kopnitz. Er hatte für Lilly ein Puppenbett gebaut und für Edwin ein Schaukelpferd. Er brachte auch einen kleinen Tannenbaum mit. Wie groß war meine Freude. Wir hatten viel Schnee und die drei waren viel unterwegs. Unsere Kinder waren glücklich. Es war das letzte Weihnachtsfest mit unserem Papa. Wie schwer war der Abschied nach den glücklichen Tagen.

In Kalonka entstand auch dieses Familienbild

Mitte Januar hatte ich geplant, meinen Mann zu besuchen. Da wurde Mama plötzlich krank, sie hatte hohes Fieber. Ich konnte deshalb nicht fahren, war so unglücklich. Ich wusste, dass Alfred auf mich wartete. Erst später erfuhren wir, dass die russische Armee schon am 13. Januar 1945 die Weichsel überquerte. Ob ich überhaupt noch bis Lodz gekommen wäre? Oder wieder zurück zu meinen Kindern? Es ging ja alles drunter und drüber. Ich bekam keine Post mehr von meinem Mann. Es waren schwere Wochen der Angst. Am 30. Januar 1945 stand er plötzlich vor der Tür.

Er war am 28. Januar 1945 entlassen worden und nach Kalonka gefahren. Es war spät abends. Dort gab es schon einen Räumungsbefehl. Er weckte meine Schwester, denn er hatte einen Bauern gefunden, der sie mitnahm. Erst im Februar 1946 sahen wir Hulda wieder.

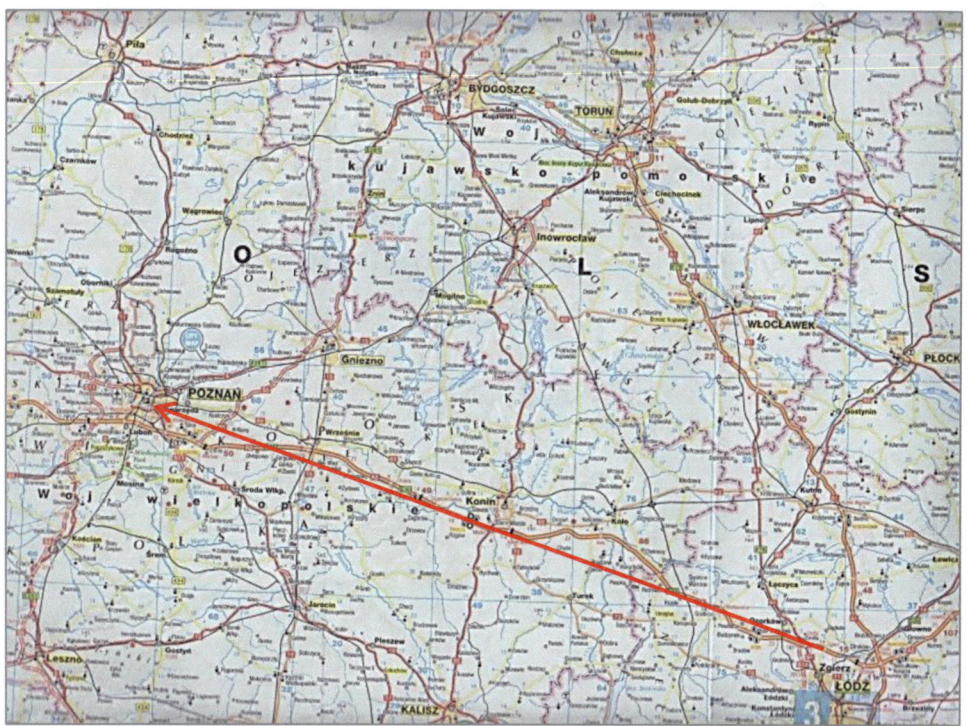

Von Lodz fuhr Alfred mit dem Fahrrad nach Posen/Kopnitz

Alfred fuhr noch nachts mit dem Fahrrad weiter. Es waren ca. 300 km von Lodz bis nach Posen, zu uns. Die Straßen waren vereist, spiegelglatt, voller Flüchtlingswagen und dazu die Wehrmacht auf dem Rückzug. Er stürzte oft, blieb aber unverletzt. Auch das Fahrrad blieb heil. 2 Tage und Nächte war er unterwegs. Wir waren so froh, dass wir wieder zusammen waren, und dass er es rechtzeitig geschafft hatte.

Um 1 Uhr nachts kam der Befehl: Fertig machen zur Flucht, der Russe ist da. Die Front war nicht mehr weit. Ich war wie gelähmt. Mama zog die Kinder an. Wir packten etwas Wäsche und Kleider in einen Sack und banden ihn auf dem Fahrrad fest. Alfred nahm die Räder vom Kinderwagen ab und machte aus Brettern Kufen, die er am Wagen befestigte. Er legte Edwin in den Wagen und deckte ihn mit einem Kissen zu. Im Morgengrauen gingen wir los, bei Frost und Schnee, Richtung Westen. Ungewissheit und Angst waren unsere ständigen Begleiter. Aber Gott war auch in diesen so schweren Tagen und Wochen mit und bei uns. Sonst könnte ich dieses hier und heute nicht schreiben.

Wieder mussten wir alles zurücklassen. Bis Kopnitz hatten wir noch Papas wertvolle Geige gerettet. Nun konnten wir sie nicht mitnehmen. Es tat mir so leid. Sie war das einzige Andenken an meinen lieben Vater. Jetzt ging es nur noch ums Überleben.

Wir gingen am ersten Tag 35 km, auf kurzen Strecken konnten wir auf einem Fuhrwerk mitfahren. Meine Mutter hatte Lilly an der Hand. Die Beiden fielen oft hin, blieben aber unverletzt. Die Straßen waren so glatt, mit vielen Flüchtlingswagen und dazwischen die Wagen der Wehrmacht. Gegen Abend stürzte auch ich, so unglücklich, dass ich mir das linke Knie verletzte. Wenig später war es dick angeschwollen und ich hatte schlimme Schmerzen. Wir kamen in eine kleine Stadt und wurden zur Nacht in einer Gastwirtschaft untergebracht. Ein Strohlager auf dem Fußboden, zusammen mit vielen anderen Flüchtlingen.

Am nächsten Morgen ging Alfred zum Bahnhof, um zu sehen, ob es von dort Transportmöglichkeiten gab. Als er wieder kam, erzählte er: „Dort wird ein Güterzug mit Flüchtlingen beladen, der nach Frankfurt/Oder fahren soll. Da können wir mit." Es waren offene Kohlewagen. Wir bekamen auch noch eine kleine Ecke. Den ganzen Tag stand der lange Zug am Bahnhof. Gegen Abend fuhr er los, aber in die falsche Richtung, statt nach Westen fuhr er nach

Norden. Stand dann wieder lange bei Schneidemühl/Pila. Nachts fuhr er weiter Richtung „Alt-Reich". Es schneite und war sehr kalt.

Es war der 1. Februar 1945.

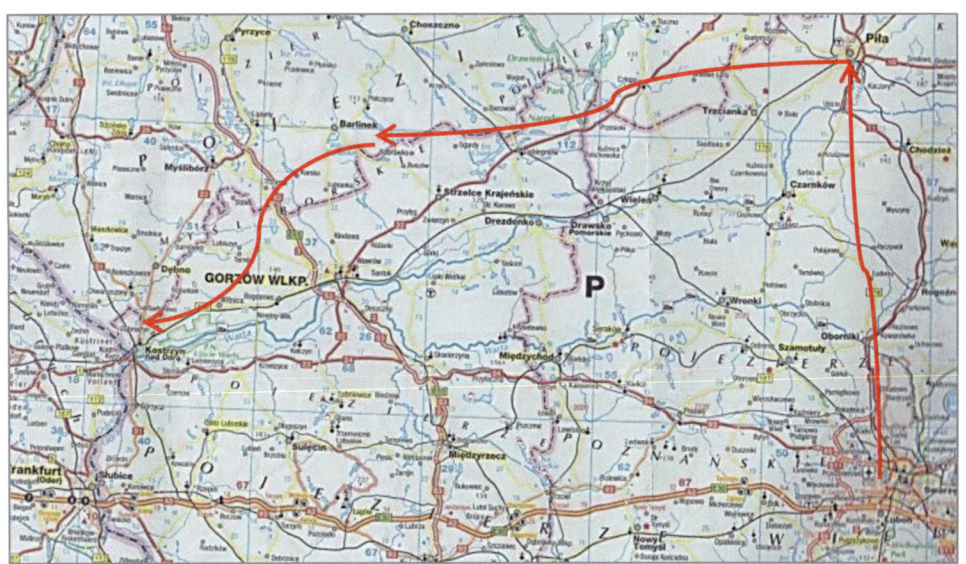

Alfred hatte Lilly unter seinem Mantel fest an sich gedrückt, so hielt er sie warm und am Leben. Edwin schlief in seinem Kinderwagen, war zugeschneit. Der Schnee auf dem Kissen war gefroren. Wir waren alle müde. Ich hatte mich auf den Boden gesetzt und war eingeschlafen. Alfred weckte mich, alleine wäre ich wohl nicht mehr aufgewacht, ich war schon ganz steif. Wo wären dann meine kleinen Kinder geblieben? Mein Mann machte mir immer wieder Mut: „Je länger wir fahren, umso weiter sind wir von der Front weg." Doch das Gegenteil war der Fall. Unser Zug soll in Frankfurt gewesen sein, wurde aber zurückgeschickt, weil alles überfüllt war. Ab und zu hielt der Zug an, Tote wurden rausgetragen, im Schnee abgelegt, und die Fahrt ging weiter. Es war ein Jammern und Weinen in dieser Kälte.

Gegen Morgen wurden dann auf jedem Bahnhof ein paar Waggons abgehängt. Mittags war auch unserer dran. Wir wurden auf ein Gut gebracht, in einen großen Raum mit vielen Flüchtlingen. Ein Strohlager auf dem Boden und warmes Essen, es war wunderbar. Auf Nachfrage sagte man uns, wir wären im Kreis Soldin/Myślibórz in Pommern. Den Ortsnamen habe ich leider vergessen. Wir waren in der Nähe der Front, das war für uns ein schwerer Schock. Mama hatte Erfrierungen an den Füßen, Edwin eine doppelseitige Lungenentzündung. Wir hatten Frost und es lag hoher Schnee. Es fuhren keine Züge mehr. Es gab überhaupt keine Möglichkeit mehr, irgendwie weiterzukommen.

10 Tage waren wir auf diesem Gut. Dann kamen an einem Abend viele polnische Gefangene mit deutscher Bewachung auf den Hof. Am Morgen waren die russischen Panzerspitzen da. Alle Flüchtlinge mussten in den Keller. Dort waren wir den ganzen Tag bis Mitternacht. Draußen wurde gekämpft. Wir hörten nur die Schüsse und immer wieder lautes Krachen, als ob Mauern einstürzten. Niemand verlangte zu essen oder zu trinken. Alle hatten nur noch Angst. Auch unsere Kinder spürten die Gefahr. Die Kellerfenster waren mit Trümmern zugeschüttet. Wir hatten kaum Luft zum Atmen. Alfred versuchte immer wieder, die Fenster frei zu machen. Er hatte schon ganz blutige Hände. Nachts kamen drei deutsche Soldaten runter und sagten: „Oben steht alles in Flammen." Um Mitternacht schrien die Russen: „Alles rauskommen, oder wir schmeißen Granaten rein!"

Mein Mann nahm Edwin auf den Arm, ich Lilly an die Hand. So gingen wir die Treppe rauf, die anderen kamen nach. Was bot sich uns für ein grausames Bild. Wir stiegen über Schuttberge auf den Hof. Das große Haus war über uns zusammen-gestürzt. Die Kellerdecke hatte gehalten, auch der Keller-eingang war frei. Es war für uns ein Wunder Gottes, dass wir überlebt hatten. Unsere paar Habseligkeiten waren unter den Trümmern begraben. Wir besaßen nur noch das, was wir anhatten. Die große Scheune und die Stallungen brannten noch. Es war taghell.

Wir mussten uns alle im Kreis aufstellen. Dann kam ein russischer Soldat zu meinem Mann und sagte: „Im Keller sind deutsche Soldaten, geh runter und hol sie." Ich hielt meinen Mann fest und sagte: „Ich lasse ihn nicht gehen." Die drei Soldaten kamen etwas später von selbst mit erhobenen Händen aus dem Keller und wurden vor unseren Augen erschossen. All diese Grausamkeiten mussten unsere Kinder miterleben.

Wir Flüchtlinge wurden in ein leerstehendes Haus getrieben. Immer wieder wurden Frauen herausgeholt und vergewaltigt. Das Weinen und Schreien war furchtbar. Ich blieb davor bewahrt. Ich weiß, dass meine liebe Mama und Alfred für mich beteten. Alfred sagte: „Egal was mir passiert, wenn du nur bewahrt bleibst."

Einige russische Soldaten kamen und wollten meinen Mann mitnehmen. Er war 32. Wer bist Du? Du warst Soldat! Er zeigte seinen Wehrpass, aus dem hervorging, dass er kein Soldat war. Dann sagten sie: „Du bist einer von der Wlassow-Armee!" (Die zu den Deutschen übergelaufen war.) Er gab ihnen seinen Ausweis, da stand Nationalität: Deutsch. Und er zeigte ihnen unser Familienbild und sagte: „Hier sind meine Frau und meine Kinder, wir sind Flüchtlinge." Diese Soldaten gingen, andere kamen. Wieder das gleiche: „Komm raus, an die Wand stellen, erschießen!" So ging es stundenlang. Ich hielt ihn fest. Die Kinder hatte er auf dem Arm. Auf Russisch sagte ich: „Ich lasse meinen Mann nicht alleine gehen. Wenn ihr wollt, erschießt uns alle. Wo soll ich alleine mit den kleinen Kinder bleiben?" Ich glaube, in dieser schrecklichen Nacht hatten wir weniger Angst zu sterben als zu leben.

Auch diese Nacht ging vorüber, es wurde Morgen, ein neuer Tag. Die Panzer rollten weiter und wir hatten ein paar Tage Ruhe. Im Stall brüllte das Vieh. Wir haben gefüttert und die Kühe gemolken. Dann kam der Bauer mit seiner Familie zurück, sie hatten sich irgendwo versteckt. Wir mussten in die Knechte-Kammer im Stall ziehen. Wir waren 18 Personen in einem kleinen Raum. Ich wurde krank, war lange besinnungslos. Als ich wieder zu mir kam, hörte ich Lilly weinen: „Mutti, Mutti!" - In einer Nacht wurde ein Kind geboren, es ging alles gut. Später trafen wir die Frau mit ihren 3 kleinen Kindern am Straßenrand. Sie war sehr schwach, ob sie überlebt hat?

Jetzt war die russische Artillerie da. Wir mussten raus. In einer halben Stunde war das Dorf geräumt und wir waren wieder auf der Straße. Der Schnee war weggetaut. Die Straßen und Wege waren von den vielen Fahrzeugen aufgewühlt. Es war lehmiger Boden. Wir kamen nur langsam vorwärts. Die Kinder mussten wir tragen. Als wir gegen Abend zu einem Bauernhof kamen, baten wir um ein Nachtlager. Die Frau stellte sich mit einer Mistgabel vor die Tür und ließ niemanden rein. Wir gingen weiter und fanden dann doch noch eine Unterkunft für eine Nacht.

Am Morgen ging es weiter. Wir waren mehrere Tage unterwegs und kamen durch Berlinchen/Barlinek, eine kleine Stadt in Pommern. Auf der Straße von Berlinchen nach Tankow/Dankow überholte uns ein LKW mit russischen Soldaten. Der LKW hielt an. Die Soldaten sprangen herunter und schrien meinen Mann an: „Wer bist du? Deutscher Soldat? Mitkommen!" Sie nahmen uns alle mit und fuhren auf ein abgelegenes Gut. Wir mussten aussteigen. Meinen Mann nahmen sie mit ins Haus. Wir blieben auf dem Hof stehen. Wir hatten Angst. Lilly hat diese Angst mit ihren 6 Jahren schon bewusst miterlebt. Edwin war noch zu klein, um den Ernst der Lage zu verstehen. Rund herum war Wald. Immer wieder wurde geschossen. Jedes Mal zuckte ich zusammen. Ob diese Kugel meinen Mann getroffen hat? Es wurden in dieser Zeit so viele Menschen erschossen, überall lagen Tote. Wie lange wir gewartet hatten, weiß ich nicht. Endlich kam Alfred zurück, schneeweiß im Gesicht. Er sagte kein Wort, nahm Edwin auf den Arm, und langsam gingen wir zur Straße zurück. Begleitet von der Angst, dass sie ihn zurückholen könnten. Gott hatte mir meinen lieben Mann und unseren Kindern den Vater noch einmal geschenkt, wenn auch nur für kurze Zeit.

Nach ungefähr 10 km erreichten wir **Tankow.** Ein Dorf und ein Gut. Die Besitzer hießen von Alvensleben. Der Mann war Soldat, die Kinder in Westdeutschland. Die Frau und mehrere Dorfbewohner hatten sich das Leben genommen, als die russische Armee kam. Tankow lag mitten im Wald und gehörte zum Kreis Friedeberg in Pommern. Mit vielen anderen fanden wir noch eine Unterkunft in einem leeren Haus. Wir hatten wieder ein Dach über uns. Es war auch noch ein Herd da. Alfred holte Holz aus dem Wald. Im Keller fanden wir noch ein paar Kartoffeln, so dass wir eine Suppe kochen konnten. Es war ruhig, kein Militär, nur ein Besatzungsstab auf dem Gutshof. Mein Mann ging dorthin. Er konnte da arbeiten und bekam mal ein paar Kartoffeln oder ein Stück Brot. Wir gingen auf die Felder, fanden noch etwas Essbares. Zu kaufen gab es nichts, aber wir hatten ja auch kein Geld.

Am 25. Februar 1945, es war ein Sonntag, ging mein Mann morgens zur Arbeit. Wenig später schickte er einen Jungen: Ich sollte ihm seine Papiere bringen, er müsste weg. Als ich dort ankam, standen mehrere ältere Männer, einige Jungen, noch Kinder, und mein Mann mit je 5 Pferden auf dem Platz. Es hieß, die Pferde sollten zur Bahnstecke gebracht werden, 12 km entfernt. Dann kamen der Kommandant und noch einige andere Soldaten. Er sagte zu mir auf Russisch: „Nun weine nicht, dein Mann kommt wieder." Ein anderer lachte und sagte: „Ja, tief in Russland." „Alfred, hörst du, was er gesagt hat?" fragte ich. Mein Mann sagte nur: „Weine nicht, denk an unsere Kinder und wenn wir uns hier auf dieser Erde nicht mehr wiedersehen, dann sehen wir uns droben wieder in der Herrlichkeit."

Es waren seine letzten Worte. Er winkte, soweit ich ihn noch sehen konnte. Ich stand da wie gelähmt. Langsam ging ich zurück zu unseren Kindern. Wir warteten den ganzen Tag auf seine Rückkehr, warteten die nächsten Tage und Wochen. Es wurden Jahre daraus. Mein lieber Mann, unser Vater, kehrte nicht mehr zurück. – Wie viel habe ich geweint.

Das Leben ging weiter. Angst und Hunger blieben unsere Begleiter. Es bildeten sich wieder Partisanen. Die kamen nachts, holten die Frauen raus, schossen um sich und erschossen auch immer wieder Menschen. Wir konnten keine Nacht ruhig schlafen. Wir durften keine Tür abschließen, sonst wäre sie eingeschlagen worden. Wenn es hell wurde, musste ich raus zur Arbeit. Wir Frauen arbeiteten im Wald.

In einer Nacht kamen russische Soldaten und nahmen uns mit. Wir sollten Kühe melken, sagten sie. Wir glaubten es nicht, mussten aber mitgehen. Im großen Garten bei der Kirche stand eine große Herde Milchkühe. Wir bekamen Eimer und mussten sie melken. Wie viele ich gemolken habe, weiß ich nicht mehr. Aber jede Frau durfte sich einen großen Eimer Milch mitnehmen. Die Soldaten waren sehr nett und brachten uns wieder zurück. Lilly und Edwin saßen bei meiner Rückkehr auf ihrem Strohlager und weinten. Am Kirchentor war an die Mauer ein Spruch geschrieben:

Nahet euch zu Gott, so naht sich Gott zu Euch!

Immer wenn ich dort vorbeikam, habe ich ihn gelesen

Im März 1945 zogen wir Flüchtlinge in das Verwalterhaus auf dem Gut. Dort waren wir sicherer. Ungefähr 6 Wochen habe ich mit einigen Frauen das Vieh gehütet. Wir waren den ganzen Tag draußen im Wald, wir hatten so viel Angst. Morgens und abends hatten wir je 12 Kühe zu melken und zu versorgen. Abwechselnd mussten wir nachts im Stall Wache halten. Es wurde kontrolliert, ob wir auch nicht schliefen. Wenn ich die Kühe melkte, kamen meine Kinder mit kleinen Bechern. Ich melkte die Becher immer wieder voll und sie tranken die warme Milch. Von Kartoffeln und etwas Kleie kochte Mama eine Suppe. Aber satt wurden wir nie. Hatten lange kein Stückchen Brot, kein Fett, keinen Zucker. Dann kam das Vieh weg und ich musste auf dem Feld arbeiten.

Im Juni 1945 bekam ich einen Brief von meinem Mann. Ein Junge war entlassen worden und brachte ihn mit. Alfred schrieb: Es ist so schwer, dass ich nichts von euch weiß. - Er war nur ungefähr 80 km von uns entfernt, in Poppe/Popowo. – Das war das letzte Lebenszeichen, das ich von meinem Mann persönlich erhalten habe.

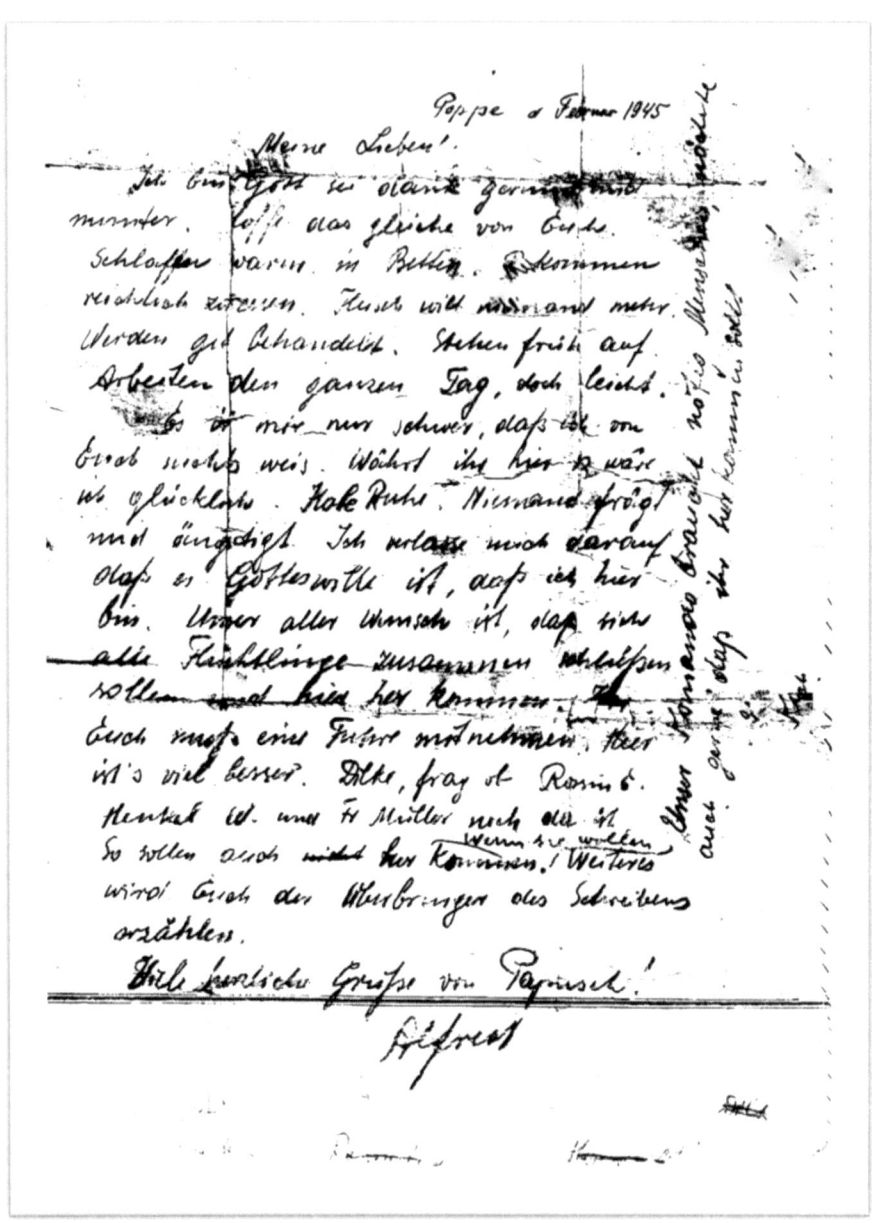

Es ist anzunehmen, dass dieser Brief unter Druck geschrieben wurde!
Poppe/Popowo – siehe Karte Seite 53

Tankow

Poppe

Die Ernte kam und wir mussten all die schweren Arbeiten machen – Garben auf die Wagen reichen, beim Dreschen die Getreidesäcke auf die Wagen heben und vieles andere mehr. Es gab für uns keinen Sonntag, keinen Feierabend. Unser Arbeitstag begann, wenn es hell wurde, und endete, wenn es dunkel war. Wir bekamen nichts dafür. Einzig, wenn wir abends nach Hause gingen, durften wir eine Schürze voll Körner mit Spreu und Sand mitnehmen. Mama, Lilly und Edwin saßen am Tisch und lasen die einzelnen Körner aus. Sie wurden dann in einer Kaffeemühle gemahlen und Mama kochte davon eine Suppe, ohne Salz. Später haben wir Kunstdünger abgekocht und mit dem Wasser gesalzen.

Der Sommer verging, die Russen zogen ab und Polen übernahmen das Gut. Mit den Partisanen wurde es noch schlimmer. Wir fanden kaum noch Schlaf, und dann tagsüber die schwere Arbeit.

Dann brach Typhus aus. Wir wohnten mit einer Frau aus Lettland zusammen, Sie hatte 7 Kinder und ihre alte Mutter bei sich. Der Mann und 2 Söhne waren im Krieg vermisst oder gefallen. Die Frau und ihre älteste Tochter – sie war 18 Jahre alt – kamen ins Krankenhaus. Nun hatten wir die 6 Kinder (das jüngste war 5 Monate alt) und die Oma noch mit zu versorgen. Ich bin ins Krankenhaus gefahren, habe Wäsche geholt, gewaschen und wieder hingebracht. Die Tochter ist gestorben. Die Mutter kam wieder nach Hause. Aber die Oma starb dann auch.

Die Kartoffelernte begann. 6 Wochen lang habe ich jeden Tag Kartoffeln ausgegraben. Der Boden war so hart, und ich war so schwach. Wir mussten die großen Kartoffelkörbe in die hohen Kastenwagen heben. Am Abend durften wir so viele Kartoffeln, wie wir tragen konnten mit nach Hause nehmen. Aus den Ruinen der zusammen gestürzten Häuser haben wir Balken herausgeholt, haben sie zersägt und zu Feuerholz klein gehackt, damit wir uns etwas kochen konnten. Mama hat die Kartoffeln gerieben und dann ins kochende Wasser gegeben. Das wurde eine sämige Suppe. Das war unsere Nahrung.

Ich wurde krank, konnte nicht mehr auf dem Feld arbeiten. Ich hatte Schmerzen in der linken Seite. Es gab keinen Arzt, keine Medikamente. Eine Woche habe ich gelegen. Dann konnte ich mich im Bett wieder aufsetzen, an Arbeiten war aber noch nicht zu denken. In dieser Zeit habe ich aus alten Decken mit der Hand Mäntel für meine Kinder genäht.

Am 17. November 1945, Edwins 3. Geburtstag, als es schon dunkel war, kam der Befehl: Alle Flüchtlinge müssen sofort das Dorf verlassen! Es war schon ziemlich kalt. Wir packten eine Decke, ein Kissen und etwas zu Anziehen in einen Sack. Dazu einen Beutel mit Mehl und einen mit Grütze. Das hatten wir einen Tag vor unserer Ausweisung zu ersten Mal bekommen. Unsere Sachen durften wir auf einen Wagen laden. Wir gingen hinterher. Und wieder einmal waren wir auf der Landstraße, ohne zu wissen, wohin unser Weg ging.

Im nächsten Dorf waren schon vielen Flüchtlinge zusammengetrieben worden. Wir schliefen nachts in einem Stall, waren so müde. Erst am nächsten Morgen bemerkten wir, dass unter dem Stroh Jauche war. Unsere Kleider waren feucht davon. Am folgenden Tag kamen mehrere Pferdewagen. Da war sich jeder selbst der Nächste. Mama und die Kinder kamen noch auf den letzten Wagen. Einige andere Frauen und ich blieben zurück. Wir liefen hinten den Wagen her. Doch die Pferde waren schneller. Wir sahen die Wagen bald nicht mehr. So gingen wir viele Stunden. Hunger und Durst quälten uns, wir waren müde und verzagt. Dann überholte uns ein Wagen, mit Kisten beladen. Er hielt an und nahm uns mit. Es war nur so viel Platz auf dem Wagen, dass wir gerade noch stehen konnten. Wir mussten uns gegenseitig festhalten. Es waren noch viele km bis zu dem Bahnhof, auf dem wir auf Züge verladen werden sollten.

Endlich waren wir da. Es war schon spät am Nachmittag und es war ein großer Güterbahnhof. Wir liefen über die Gleise. Weit vor uns sahen wir einen Personenzug. Ich lief an diesem Zug entlang und rief nach meiner Mama und meinen Kindern, kletterte auf den Zug, sprang auf der anderen Seite wieder runter und lief zurück. Weit am anderen Ende sah ich Mama und die Kinder. Sie waren nicht eingestiegen, haben auf mich gewartet. Nun stiegen wir zusammen ein und der Zug fuhr los. Ich nahm meine Kinder in die Arme, konnte nicht sprechen, nur weinen. Ich dankte Gott, dass wir wieder zusammen waren. Wohin die Fahrt ging, wussten wir nicht.

Nach einiger Zeit hielt der Zug auf freier Strecke im Wald. Wir erschraken, was hatte man mit uns vor? Polnische Soldaten stiegen ein, gingen durch die Abteile und nahmen mit, was ihnen gefiel (Mäntel, Schuhe usw.) Dann fuhr der Zug weiter. Gegen Abend kamen wir in Küstrin an. Der Zug hielt wieder auf einem Güterbahnhof außerhalb der Stadt. Man sagte zu uns: „Geht in die Stadt und sucht euch eine Unterkunft." Wir nahmen unsere Lebensmittel mit. Den Sack mit unseren anderen Sachen ließen wir stehen, wir konnten nicht alles tragen. Einige Frauen blieben noch da.

Wir überquerten die Schienen und stiegen über Trümmer und Schutt. Endlich kamen wir auf eine Straße. Je näher wir der Stadt kamen, je grausiger wurde das Bild, das sich uns bot. Überall Trümmer. Den Häusern fehlten Fenster und Türen oder es stand auch nur noch ein Teil des Hauses. Wir gingen immer weiter. Die Straßen waren voller Menschen, die wie wir auf der Flucht waren. Wir waren müde und hungrig. Die Kinder weinten und setzten sich immer wieder an den Straßenrand. Dieses Bild meiner kleinen Kinder sehe ich noch deutlich vor mir. Ich kann es, wie vieles andere, nicht vergessen.

Dann kam eine Frau und sagte: „Kommt mit!" Sie brachte uns zu einem Haus, in dem es zwar keine Fenster und Türen mehr gab, aber Wände und eine Decke über uns. Wir setzten uns auf den Fußboden. Ich ruhte mich etwas aus, dann ging ich zurück zum Bahnhof. Unser Sack war noch da. Ich nahm ihn auf die Schulter und ging los. Es war schon dunkel. Als ich wieder in der Stadt war, gingen vor mir mehrere Frauen. Sie hatten einen vollgeladenen Handwagen. Plötzlich stürzten sich ein paar Männer auf den Wagen. Sie schlugen die Frauen. Es dauerte alles nur Sekunden, dann war der Wagen leer, die Frauen weg. Ich war allein und ging weiter, bis auf einmal an meinem Sack gerissen wurde. Aus dem Nichts war ein Mann aufgetaucht. Ich hatte den Sack mit einer Leine verschnürt und die Hände so fest in dem Strick, dass ich rücklings auf die Straße fiel. Aber ich ließ nicht los. Ich hatte nur den einen Gedanken: Wenn du jetzt los lässt, dann haben deine Kinder nichts mehr. Der Mann schleppte mich über die Straße auf die andere Seite. Dann ließ er von mir ab und verschwand. Langsam stand ich auf, verspürte keinen Schmerz und fand auch den Weg zu meinen Lieben in dieser dunklen Nacht.

10 Tage blieben wir in Küstrin. Es waren Abertausende von Flüchtlingen in der Stadt. Täglich starben Menschen vor Hunger. Einmal am Tag gab es eine Suppe. Sie reichte nie für alle. Wir waren froh, dass wir Mehl und Grütze gerettet hatten, so konnten wir uns jeden Tag etwas kochen und auch anderen noch etwas abgeben. Es schneite und wurde sehr kalt. Wir schliefen auf dem Fußboden am offenen Fenster. Dabei habe ich mir wohl den Kopf erkältet.

Eisenbahnbrücke über die Oder bei Küstrin – heute

Schließlich wurden in Küstrin Züge zusammengestellt, welche die Flüchtlinge über die Oder bringen sollten. Bei einem dieser Transporte waren auch wir dabei. Wir waren froh, als wir im Zug saßen. Es waren Berliner Stadtbahnwagen, ohne Toiletten und Trittbretter. Wir hatten für 4 Personen 2 kleine Bänke. Wenigstens sitzen konnten wir. Es war sehr kalt im Zug - es gab keine Heizung. Abends fuhr der Zug los, über eine Notbrücke. Das war schon ein eigenartiges Gefühl, denn man sah keine Brücke, nur das Wasser der Oder. Auf der anderen Seite bekamen wir etwas zu essen, mussten aber im Zug bleiben.

8 Tage wurden wir kreuz und quer durchs Land gefahren, immer wieder hieß es: „überfüllt" und weiter ging es. Wenn der Zug auf einen Bahnhof hielt, kletterten wir runter. Mama und die Kinder suchten Holz, ich holte Wasser und versuchte, etwas Essbares zu finden. Manchmal hatten wir Glück und es standen Waggons mit Kartoffeln oder Rüben auf den Nebengleisen. Wir wussten nie, wie lange unser Zug stehen würde und so war ich immer froh, wenn ich wieder bei meinen Kindern war.

Als wir wieder einmal auf einem Bahnhof standen, kamen russische Soldaten und fragten: „Woher? Wohin?" Wir erzählten ihnen, dass wir schon eine Woche mit diesem Zug unterwegs waren. Ihnen taten wohl die kleinen Kinder leid, die da zwischen den Schienen spielten. Da lagen Tote, die man aus dem Zug heraustrug, da kochten wir unser Essen. Der Tod hatte für uns schon längst seine Schrecken verloren. Wir hatten in den zurückliegenden Kriegsjahren so viel Grauenhaftes erlebt, was man nicht auf ein paar Blättern beschreiben kann. Die Soldaten sagten: „Wir werden dafür sorgen, dass ihr untergebracht werdet." Am nächsten Tag war unsere Fahrt zu Ende, in Brüel, Kreis Wismar, Mecklenburg. Eine Nacht schliefen wir dort in der Schule.

Am nächsten Tag wurden wir auf ein Gut gebracht, in ein kleines Dorf: Alt-Necheln. Es war schon dunkel, als wir dort ankamen, und es regnete. Am anderen Morgen hatten wir Frost und es hatte geschneit. Es war der 6. Dezember 1945. Als wir noch unterwegs waren, freuten wir uns auf eine warme Stube, waschen und umziehen. Aber das war nur ein Traum. Wir kamen in einen großen leeren Stall mit 400 anderen Flüchtlingen.

wahrscheinlich das ehemalige Stallgebäude - heute

Lagerstellen, 3, 4 übereinander, aus Knüppeln zusammen gebaut. Es war nicht einmal Stroh darauf. Für Lilly und Edwin machten wir ein notdürftiges Lager aus unseren mitgebrachten, geretteten Sachen. Sie schliefen sofort ein. Mama und ich saßen dort die ganze Nacht, sprechen konnten wir nicht. Um uns herum das Jammern und Stöhnen von kranken und sterbenden Menschen. Aber auch diese Nacht ging zu Ende. Am Morgen gingen wir nach draußen. Um uns herum eine schöne, hügelige Landschaft: Wald, Schnee, Sonnenschein. Und wir waren so traurig und mutlos.

Abseits der Gutsgebäude fanden wir mehrere große leere Holzbaracken, ohne Zwischenwände. Die rohgezimmerten Bretterwände lagen in einer Ecke des Schuppens. Wir fanden auch Hammer und Nägel und fingen an, die schweren Holzwände aufzustellen und zu befestigen.

Das war für uns Frauen eine schwere und mühsame Arbeit, aber wir schafften es. Nun hatten wir zwei kleine Räume ohne Zwischentür. Es gab auch einen alten Eisenofen, auch die Ofenrohre dazu, die bis durch das Dach reichten. Wir suchten Holz. Ich fand ein altes, aus einfachen Brettern zusammen-geschlagenes Bett und etwas Stroh. Am Abend konnte ich Mama und die Kinder aus dem Stall holen. Wie waren wir reich!

Gutshaus Altnecheln – heute

In diesen 2 kleinen Räumen lebten wir mit 16 Personen. Eine Frau mit 5, eine andere mit 4 Kindern, eine alleinstehende alte Frau und wir 4.

Viele unserer Leidensgenossen folgten unserem Beispiel. Alte, Kranke und Mutlose blieben im Stall. Dann erkrankten viele an Typhus und Ruhr. Man brachte sie in eine noch leerstehende Baracke. Dort lagen sie auf dem Fußboden bis sie starben. Im Frühjahr lebten von den ehemals 400 Flüchtlingen nur noch 80.

Wir drei Frauen gingen fast jeden Tag in den Wald. Mama und die alte Frau versorgten unsere 11 Kinder. Wir sägten Bäume ab, schleppten sie den Berg hinauf, zersägten und zerhackten sie. Dazu sammelten wir auch immer etwas trockenes Holz. Unser Ofen ging nie aus. Ich hatte jeden Tag nasse Füße, hatte nur ein Paar Schuhe. Nachts gingen wir Kartoffeln klauen, oft bis zu 6 km weit. Wir brachen die gefrorenen Mieten auf und holten raus so viel wir tragen konnten. Immer in der Angst, dass die Russen uns erwischen könnten, aber wir hatten Glück.

Als der Schnee anfing zu tauen, gingen wir auf die Felder, hackten in der gefrorenen Erde. Manchmal fanden wir Mohrrüben oder Rübenstücke. Einmal am Tag bekamen wir eine dünne Wassersuppe und ein Stückchen schwarzes hartes Brot, einmal auch Pferdefleisch. Ab und zu kam mal ein Pastor zu uns in die Baracken. Er sang mit uns das Lied:

> *Harre meine Seele, harre des Herrn.*
> *Alles ihm befehle, hilft er doch so gern.*
> *Sei unverzagt, bald der Morgen tagt.*
> *In allen Stürmen, in aller Not,*
> *er wird dich beschirmen, der treue Gott.*

Auch in den späteren Jahren ist mir dieses Lied oft zum Trost geworden. In den vielen, schweren Stürmen unseres Lebens hat Gott uns bewahrt. Ich schrieb schon, dass ich mir in Küstrin den Kopf erkältet hatte. Nun kam es zum Ausbruch. Der ganze Kopf wie eine Wunde, kein Arzt, keine Medikamente. Ich hatte furchtbare Kopfschmerzen. Viele Wochen konnte ich nur im Sitzen schlafen.

Im Januar 1946 bekamen wir einen Brief aus Bottrop, von Verwandten meines Mannes, denen ich geschrieben hatte. Sie schickten uns die Adresse meiner Schwester. Ich schrieb ihr gleich und sie besuchte uns. War das ein frohes Wiedersehen. Über ein Jahr wussten wir nichts voneinander. Meine Schwester lebte in Sachsen, Kreis Weißenfels/Halle. Sie hatte andere Papiere: Volksdeutsche aus Polen. Die Russland-Deutschen wurden alle zurück nach Russland verschleppt. Es war also besser, wenn auch wir unsere Angaben änderten.

Hulda fuhr zurück und besorgte uns eine Unterkunft bei einem Bauern. Wir durften aus dem Lager raus und fuhren dorthin. Der Ort hieß Rössuln, Kreis Weißenfels. Es war ein großer Hof. Der Bauer hieß Horn und hatte eine erwachsene Tochter. Unsere zwei kleinen Stübchen waren über dem Stall. Zwei alte Bettgestelle, ein Schrank, ein Tisch, ein paar Hocker und ein kleiner Eisenofen. Wir waren glücklich und dankbar. Es war Ende Februar 1946 als wir in Rössuln ankamen.

War das der Hof der Familie Horn?

Ich habe auf dem Hof sehr schwer gearbeitet. Morgens und abends melken. Dung rauskarren, Stall sauber halten. Tagelang die hohen Wagen mit Mist beladen und ihn auf den Feldern verstreuen. Kartoffeln pflanzen und hacken, Rüben hacken und verziehen. Dann kam die Ernte: Garben binden, auf die Wagen laden, in der Scheune an der Dreschmaschine wieder abladen. Der Bauer war mit mir und meiner Arbeit zufrieden. Ich bekam Milch, Kartoffeln, Mehl, Sirup und Obst als Entgelt. Ich arbeitete von morgens früh bis spätabends. Ein Glück, dass Mama bei uns war. Sie kochte und versorgte meine Kinder. Lilly und Edwin durften im Obstgarten spielen. Darüber war ich sehr froh und dankbar.

Außerdem hatte der Bauer versprochen, mir im Herbst einen Zentner Weizenmehl zu geben. Aber ich wurde krank und konnte deshalb bei der Kartoffelernte nicht mehr bis zum Ende arbeiten. Da sagte er: „Wenn Sie nicht arbeiten können, kann ich Ihnen auch kein Mehl geben." Dabei blieb es, und die Kinder durften auch nicht mehr draußen spielen.

????

????

Oder dieser? Wir haben es nicht erfahren

Mein Cousin Harald Lange arbeitete in Weißenfels auf der russischen Kommandantur als Fahrer. Er besuchte uns öfter. Da wir immer Angst hatten, die russische Besatzung könnte erfahren, dass wir aus Russland kamen, wollten wir gerne in den Westen. Darüber sprachen wir mit Harald. Er wollte uns mit seinem Dienstwagen an die innerdeutsche Grenze bringen.

Er kam nachts. Wir stiegen ein mit unserem wenigen Hab und Gut. Gegen Mittag kamen wir in Ellrich, einem Ort am Harz, an. Wir stiegen hastig aus und Harald fuhr ebenso schnell fort. Wenn die Russen ihn erwischt hätten, wäre er verloren gewesen. Er hat viel für uns riskiert. - Da standen wir nun: Und wo war denn nun die Grenze. In der Nähe war der Bahnhof und meine Schwester fragte einen Beamten. Er zeigte in eine Richtung und verschwand. Wir gingen los, über Schienen, Schutt und Gräben. Etwas weiter rechts standen die russischen Wachposten auf einem Turm.

Wir hatten solche Angst. Lilly und Edwin hatten kleine Rucksäcke. Wir drei Frauen hatten die anderen Sachen unter uns aufgeteilt. Wir fielen oft hin, standen wieder auf, gingen weiter. Endlich kamen wir auf einen Feldweg, auf dem uns einige Frauen begegneten. Sie sahen wohl, woher wir kamen, und sagten: „Ihr braucht keine Angst mehr zu haben, ihr seid im Westen." Wir knieten dort auf dem Feldweg nieder und dankten Gott für die Führung und Bewahrung. Es war Anfang Oktober 1946.

Kolonnenweg an der ehem. innerdeutschen Grenze

Bis zur nächsten Bahnstation Walkenried waren es noch mehrere Kilometer. Dort warteten auf dem Bahnhof viele Flüchtlinge, die, wie wir, über die Zonengrenze gekommen waren. Nachts kam ein Zug, der schon voll war. Aber wir quetschten uns noch rein, hatten kaum Platz zum Stehen. Andere standen draußen auf den Trittbrettern oder saßen auf den Waggondächern.

Gegen Morgen kamen wir in Hannover an. Bis zum Mittag saßen wir in diesem zertrümmerten Bahnhof.

Dann fuhr ein Zug nach Walsrode. In Benefeld wohnte eine Schwester meiner Mutter mit ihrer Familie, Martha Rosin. Es waren 4 Personen, ihr Mann Herbert und ihre Kinder Waldemar und Edith. Sie hatten nur ein Zimmer in der Feldstraße, aber es war auch noch Platz für uns 5. Wir wurden so lieb von ihnen aufgenommen.

Am nächsten Morgen ging ich zum Bürgermeister. Er fragte woher wir kommen? „Ursprünglich aus Russland" sagte ich: „aber jetzt aus der Ostzone." Er war sehr unfreundlich und sagte: „Geht hin, wo ihr hergekommen seid. Hier könnt ihr nicht bleiben!"

Wir sind dann ein paar Tage später nach Uelzen gefahren. Dort war ein Durchgangslager für Flüchtlinge. Wir wurden aufgenommen, machten die richtigen Angaben über unsere Herkunft, denn jetzt brauchten wir ja keine Angst mehr zu haben. Wir bekamen dann Flüchtlingsausweise, Verpflegung und Unterkunft in einem Zelt.

Es standen mehrere große Zelte mit Stroh auf dem Boden an einem Bahndamm. Es regnete viel und unser Lager war feucht. Immer wieder wurden Züge zusammengestellt, nach Süddeutschland, ins Rheinland. Nach drei Wochen waren auch wir an der Reihe. Unser Transport ging auf Lastwagen nach Hannover. In Hannover-Linden wurden wir im Hochland-Bunker untergebracht. Für 6 Wochen war das nun unser Zuhause. Die Luft war sehr schlecht, doch wir konnten wieder ruhig schlafen. Es gab auch etwas Verpflegung. Meine Schwester ging Nähen bei Leuten zu Hause und bekam dafür Lebensmittel. Ich ging immer wieder zum Wohnungsamt. Aber es bestand keine Aussicht auf eine eigene Wohnung.

Der Bunker war so überfüllt mit Flüchtlingen. Es waren auch einige katholische Priester dabei, die sich von Lilly und Edwin immer wieder biblische Geschichten erzählen ließen. Sie konnten es gar nicht glauben, dass die kleinen Kinder, die noch nicht lesen konnten, die biblischen Geschichten auswendig erzählen konnten. Viele der Mitbewohner standen um die beiden herum und hörten zu. Sie hatten die Geschichten immer wieder von ihrer Oma erzählt bekommen.

Einmal sagte meine Mutter: „Ich bete um ein kleines Häuschen an der Strecke nach Walsrode, nahe am Bahnhof." Meine Schwester träumte eines Nachts, ich solle morgen um 10 Uhr auf dem Wohnungsamt sein. Ich ging hin. Der Beamte kannte mich schon: „Sie haben Glück. Eben habe ich Bescheid bekommen, dass ein kleines Behelfsheim in Mellendorf in der Nähe vom Bahnhof frei ist. Sie können es haben."

Am 10. Dezember 1946 zogen wir dort ein. Die Siedlung hieß „Klein-Hannover" und das Häuschen war eine kleine Holzbaracke, aufgeteilt in 2 Räume. Es hatte ein schräges Dach, keine Zwischendecke. Es gab kein Möbelstück. Die Wände waren voll Eis. Wir hatten nichts zu essen. Lilly und Edwin saßen auf dem Fußboden. Dieses traurige Bild sehe ich immer noch vor mir.

Auf dem Gemeindeamt wollte ich uns anmelden. Der Bürgermeister sagte unter anderem: „Na, eure Möbel kommen ja wohl noch nach." Als ich ihm sagte, dass wir nichts hätten, außer unserem Leben, wurde er böse: „Wieder so welche, die nichts haben." Da konnte ich mich nicht mehr beherrschen und fing an zu weinen. „ Wir haben so viel durchgemacht. Wenn ich nur ein Bett für meine Kinder hätte und einen Ofen, dann bin ich zufrieden." Er drehte sich zu mir um und sagte: „Na, wenn Sie damit zufrieden sind, dann habe ich etwas für sie."

Der Bürgermeister hat uns mit Rat und Tat zur Seite gestanden. Er brachte uns 2 alte Bettgestelle und Stroh, das war ganz wichtig. Dann noch einen Tisch, ein paar Stühle und einen Kohleherd. Wir bekamen Lebensmittel-Karten und Wohlfahrtsunterstützung. Es war nicht viel, aber wir konnten leben. Meine Schwester hat die Woche über in Hannover gearbeitet, verdiente etwas mit Näharbeiten. Sie brachte am Wochenende immer etwas zu essen mit, oder ein paar gebrauchte Kleidungsstücke, aus denen sie für Lilly und Edwin etwas zum Anziehen nähte. Meine liebe Mama und meine Schwester haben so viel für meine Kinder getan, haben oft selbst nichts gegessen, um es den Kleinen zu geben.

Der erste Winter in Mellendorf war eine schwere Zeit für uns. Im Sommer darauf haben wir viele Blaubeeren gesammelt und verkauft. Einige Kilometer vom Wald bis nach Hause habe ich die schweren Eimer getragen. Später habe ich ein altes Fahrrad gekauft. Damit haben wir dann auch Holz und viele Säcke Tannenzapfen aus dem Wald geholt. Lilly und Edwin haben fleißig geholfen, obwohl sie doch noch so klein waren. Auch sie haben Blaubeeren gepflückt und Holz gesammelt. Oft waren wir 5 - 8 km von zu Hause weg. Hin habe ich sie abwechselnd mit dem Fahrrad gefahren. Zurück mussten wir alle laufen. Im Herbst haben wir Kartoffeln „gestoppelt" und auch auf dem Fahrrad nach Hause gebracht. Der nächste Winter war nicht mehr so schwer für uns. Wir konnten besser heizen und hatten auch mehr zu essen.

Meine Schwester kaufte eine Nähmaschine auf Abzahlung und nähte nun zuhause. Es war sehr eng in dem Behelfsheim. Viele Leute kamen zu meiner Schwester, die froh waren, dass jemand da war, der aus alten Sachen etwas Neues nähen oder die alte Kleidung ändern konnte. Später fand ich für mich und meine Kinder in der Nähe eine kleine Wohnung unterm Dach in einem Haus, in dem sich im Erdgeschoß eine Getränkegroßhandlung befand. Meine Kinder hingen sehr an ihrer Oma an ihrer Tante. Wir blieben immer eine Familie.

Lilly 1947 - 2. R. v. o., 7. v. li.

Lilly fing nun zum dritten Mal an, in eine Schule zu gehen. Sie konnte später eine Klasse überspringen. Auch Edwin wurde in Mellendorf eingeschult. So ging die Zeit dahin. Von meinem Mann hörte ich nichts.

Ich schrieb an das Rote Kreuz, an den Suchdienst. Wenn Züge mit Heimkehrern in Hannover ankamen, fuhr ich hin. Ich habe viele angesprochen und nach meinem Mann gefragt. Keiner konnte mir etwas sagen. Lilly hat sehr viel um ihren Papa geweint. Edwin konnte es noch nicht so richtig verstehen. Er fragte immer wieder: „Warum haben die anderen Kinder einen Papa, warum ist unser Papa nicht da?" Wie viel Tränen habe ich deswegen geweint?

Edwin 1949 – 1. R. v. u., 2. v. li.

1948 bekam ich einen Brief von Frau Pelzer. Ihr Mann war 1945 zusammen mit Alfred verschleppt worden. Er war älter als mein Mann und war jetzt aus Russland, aus der Gefangenschaft, nach Hause gekommen. Sie wohnten in Braunschweig. Ich fuhr hin. Er erzählte mir, dass er mit meinem Mann bis Lieben, einem kleinen Ort bei Berlin, zusammen war. Man hatte sie von Pommern, wo sie einige Zeit waren, dorthin gebracht.

Tagsüber mussten sie gehen. Nachts kamen sie in Keller, wurden immer wieder zu Verhören rausgeholt. Sie wurden misshandelt, geschlagen. Sie sollten für etwas unterschreiben, was sie nicht getan hatten. Herr Pelzer erzählte, dass die Verhöre schrecklich grausam waren. In einer Nacht kam mein Mann von einem Verhör zurück und wurde gleich darauf wieder abgeholt. Er kam nicht wieder zurück. Am folgenden Morgen mussten alle, die noch gehen konnten, antreten. Sie wurden nach Russland in die Gefangenschaft gebracht. Kranke wurden entlassen. Mein Mann war an diesem Morgen nicht mehr dabei. Herr Pelzer sagte noch: „In dieser Nacht wurden so viele erschossen." Alfred war die Anschrift seines Onkels in Bottrop bekannt. Wir hatten ausgemacht, uns dort zu treffen. Aber er hat sich nie bei den Verwandten gemeldet. Auch seine Eltern in Russland haben ihn suchen lassen, ohne Erfolg.

Als ich von Braunschweig nach Hause fuhr, saßen im Zug junge Leute, die waren so fröhlich und lachten. Ich habe auf der Fahrt nur geweint und dachte, dass ich nie wieder froh sein und lachen könnte. Wie sollte ich mit meinen Kindern weiterleben? Doch das Leben ging weiter.

In Mellendorf vor der Abreise nach Bremerhaven

Im März 1952 wanderten meine Mutter und meine Schwester nach Amerika aus, in die USA nach Cleveland/Ohio am Eriesee. Sie hatten dort einen Bürgen aus der Baptisten-Gemeinde. Wir hatten einen anderen Bürgen, einen Farmer aus Kansas. Aber unsere Abreise verzögerte sich. Es kam immer etwas dazwischen, mit der Bürgschaft und dem Visum. Als es im Dezember 1953 möglich gewesen wäre, bin ich nicht gefahren. Diese Schuld meinen Kindern, meiner Mutter und meiner Schwester gegenüber, kann ich nicht mehr gutmachen.

vor der Einschiffung

„Auf Wiedersehen!"

Überfahrt mit der MS „General Harry Taylor

Am 15. Juni 1953 waren wir nach Benefeld gezogen. Dort lebte die Familie Rosin, Martha Rosin war die Schwester meiner Mutter. Wir wohnten nebenan. Sehr viel habe ich in dieser Zeit von meinem Mann geträumt. Ein Traum ist mir in besonderer Erinnerung geblieben: Ich stand an einem großen See. Das Wasser war ganz klar. Ich schaute rüber zum anderen Ufer, da stand Alfred. Ich winkte, er sollte doch kommen. Da hörte ich seine Stimme: „Das ist nicht möglich, ich kann nie wieder zu euch kommen." Dann verschwand er und ich wurde wach. Über diesen Traum habe ich viel nachgedacht: Der große klare See und mein Mann am anderen Ufer. Ich sehe es heute noch genau vor mir, nach fast 30 Jahren.

Nach dem Besuch bei Familie Pelzer in Braunschweig habe ich an die Gemeinde in Lieben geschrieben. Mein Mann hatte ja seine Papiere bei sich, aber ich habe nie eine Antwort bekommen. Niemand kann mir meine Fragen beantworten. Aber einmal werden wir unsere Lieben wiedersehen, die uns vorausgegangen sind in die himmlische Heimat, wo keine Träne mehr geweint, wo kein Trennungsschmerz mehr sein wird. Da werden wir keine Angst mehr haben.

Folgendes Gedicht habe ich einmal gelesen:

> *Für alles danken, ach würd' ich das können.*
> *Danken, wenn schmerzend die Wunden brennen.*
> *Danken, wenn alles in Trümmer geschlagen*
> *was ich an Hoffnungen liebend getragen.*
> *Danken, ob auch das Herze mir bricht?*
> *Für alles danken? Noch kann ich es nicht.*
> *Noch muss ich hier mühsam das Danken erlernen.*
> *Doch weiß ich's, beglückend, einst über den Sternen,*
> *wandernd im ewigen göttlichen Licht,*
> *dann danke ich für alles – noch kann ich es nicht*

Ein Andenken an Alfred – von ihm gezeichnet 1934

Nachwort

Dieses Buch enthält den authentischen Lebensbericht meiner Mutter, wie sie ihn in den 1980-er Jahren aufgeschrieben hat, für uns, ihre Kinder und Enkelkinder. Die alten Bilder – bis zu unserem Aufenthalt in Kalonka – die mein Vater zum größten Teil selbst fotografierte, viele mit Selbstauslöser, hat meine Mutter für uns gerettet und selbstlos verteidigt (siehe Seite 56/Küstrin).

Auf Seite 11/Güldendorf erwähnt meine Mutter „Onkel Wessel", den sie dort kennenlernte. Von Gottlieb Konrad Wessel wurde 1946 in Kassel als unabhängiges Missionswerk die „Brücke zur Heimat" gegründet. Später wurde dann in Siegwinden (bei Odensachsen in der Nähe von Bad Hersfeld) ein entlegenes Bauernhaus erworben, um eine Ferien-Begegnungsstätte einzurichten. Damals gab es dort noch keinen Stromanschluss und Wasser kam aus einem Brunnen. Inzwischen ist aus diesem Haus, ein repräsentables Freizeitheim geworden.

Onkel Wessel wurde auch für mich eine wichtige Person:

Mit seinem alten VW-Käfer fuhr er durch ganz Deutschland und holte die Kinder russlanddeutscher Flüchtlingsfamilien zu Ferienaufenthalten nach Siegwinden. Dort haben wir in den 50-er Jahren sorglose Sommerferien-Wochen in der Natur verlebt.

Onkel Wessel steht in der Bildmitte hinter mir

Der Bericht meiner Mutter endet im Dezember 1953. Zu dieser Zeit lernte meine Mutter August Schumacher kennen, einen Witwer aus Ostpreußen. Ebenfalls Mitglied der hiesigen Baptisten-Gemeinde. Am 4. Juni 1954 haben meine Mutter und er geheiratet. Ausschlaggebend war wohl der Gedanke, uns - meine Schwester Lilly und mich - nicht ohne Vater aufwachsen zu lassen. Die Auswanderung in die USA kam dann nicht mehr in Frage.

1957 kamen die Kinder unseres Stiefvaters aus Ostpreußen nach Deutschland, Marta, Arthur, Hilde und Waltraud. Auch sie hatten zum Ende des Krieges Schreckliches erlebt und wurden von den Erinnerungen daran verfolgt. Für meine Mutter begann ein neues sorgenvolles Kapitel.

August Schumacher starb am 4. Juli 1977. Meine Mutter ist am 22. März 2002 verstorben. Trotz aller Schicksalsschläge hat sie sich bis zum Schluss ihren unerschütterlichen Glauben an ihren Herrgott und seine Güte bewahrt.

1966, 1974 und 1980/81 hat sie ihre Mutter und Schwester in Cleveland besucht. Meine Schwester hat Oma und Tante 1973 besucht und ich bin ebenfalls mit meiner Familie 1971 und 1981 dort gewesen.

1966
bei Familie Rosin in
Cleveland:

Edith Rosin mit Kind,
Tante Hulda
Tante Martha Rosin,
Waldemar Rosin,
Oma und
meine Mutter

meine Tochter Ines mit ihrer Uroma

1971: zu Besuch bei Onkel Jacob Lange.

1973

Lilly mit ihren Kindern Siegbert und Agnes zu Besuch bei Oma und Tante in Ohio

Meine Mutter mit ihren 5 Enkeln: Steffi, Siegbert, Günther, Agnes und Ines (1973)

1974 – 2. Besuch in USA

1980

Diesmal ist meine Mutter bis zum Sommer 81 in Cleveland geblieben.

1981: ✖ *Meine Frau Hannelore und meine Töchter Ines (vorn) und Steffi.*

Im Juni 2019 bin ich in die Orte gefahren, in denen wir in der Nachkriegszeit gelebt haben, um den Bericht meiner Mutter mit Fotos von diesen Stationen zu ergänzen. Erinnerungen haben meine Schwester und ich weder an Altnecheln noch an Rössuln. An die Zeit in Mellendorf kann ich mich noch gut erinnern, ich betrachte den Ort als eine Art Ersatzheimat.

Bei den vielfältigen Arbeiten, die für die Erstellung dieses Buches erforderlich waren - Bildbearbeitung, Recherche, Gestaltung und Manuskript- wurde ich von meiner Lebensgefährtin Ursula Bulmahn maßgeblich unterstützt, wofür ich ihr sehr dankbar bin.

Edwin Glaser

Erklärung zu den angeführten Ortsnamen:

z. B. Litzmannstadt/Lodz
1.) die zur damaligen Zeit benutzten deutschen Bezeichnungen,
2.) die heute in der Ukraine, Georgien und Polen geltenden Namen